KB088653

고독이 필요한 시간

KODOKU NO KACHI
by MORI Hiroshi
Copyrights(c) 2014 MORI Hiroshi
All rights reserved.
Originally published in Japan by GENTOSHA, Tokyo.
Korean translation rights arranged with GENTOSHA, Japan
through THE SAKAI AGENCY and BC Agency.

이 책의 한국어 판 저작권은 BC 에이전시를 통한
저작권자와의 독점 계약으로 카시오페아에 있습니다. 저작권법에 의해
한국 내에서 보호를 받는 저작물이므로 무단전재와 복제를 금합니다.

사람들 속에서 더욱더 외로운 나를 위한 치유법

고독이 필요한 시간

모리 히로시 지음 | 오민혜 옮김

카시오페아
Cassiopeia

의미 있는 인생을 살고 싶다면 유일하게 가지고 있어야 할 것이 있다.
바로 '자신만의 고독한 시간'이다.

고독을 잃어버린 당신에게

"지금 선생님이 하고 계시는 은둔 생활에 대해 써주세요."

담당 편집자에게서 부탁을 받고 생각한 결과가 이번 책이 되었다. 매일 계속 생각한 건 아니고 하루에 한 번 주제를 떠올린 정도였다.

"은둔 생활과는 뭔가 다른 것 같아요. 그렇게 사는 방식을 뭐라고 부르시나요? 굳이 이름을 붙이자면 '고독 연구' 같은 건가요?"

나도 이 상태를 부를 뭔가 좋은 이름이 없을까 잠시 생각해봤지만 딱히 마음에 드는 게 없었다. 아마 나 자신도 아직 이 생활을 명확하게 규정하지 못했기 때문일 것이다. 고독을 연구한 적도 없고, 지금 내 생활을 이야기할 때 한 번도 '은둔'이란 단어를 떠올려본 적이 없다.

가끔 은거하고 있다는 느낌이 살짝 들기는 한다. 날마다 거의 모든 시간이 자유 시간이고 약속도 없을 뿐더러 주야장천 놀고 있으니까. 물론 2~30대 때는 열심히 일했고 40대가 돼서도 마지못해 일을 맡았다. 이제 그런 일에서 벗어났으니 은거는 분명하다. 그 후로는 벌써 5년 전 일이지만 멀리 이사해서 어디에 사는지조차 밝히지 않았다. 편집자와도 만나지 않고 이메일로만 의사소통한다. 남이 보기에는 분명 '숨었다'고 할 것이다. 따라서 '은둔' 또는 '은거'가 틀린 말은 아니다.

약 2년 전에 누군가를 만나러 도쿄에 다녀온 후로는 전철을 탄 적도 없다. 원래 사람이 많은 곳에는 잘 가지 않고 혼자 있기를 좋아한다. 그럼에도 세상과 얽혀 있다 보니 어쩔 수 없이 일 때문에 다른 사람과 어울리는 일도 많았다. 그런 도리와 불가항력을 단번에 끊어버린 것이 지금의 생활을 하는 계기가 되었다.

내가 고독을 선택한 이유

내가 고립된 생활을 선택할 수 있었던 것은 사람을 만나지 않아도 생활을 꾸려갈 수 있는 기반이 있어서였다. 사실 모든 사람들에게 이 생활을 "좋으니까 꼭 해봐." 하고 쉽게 권할 수 없음을 잘 안다. 젊은이들 중에는 지금의 내 생활을 동경하는 기특한 사람도 있다. 그러나 나도 이렇게 살기까지는 몇 십 년이 걸렸고, 지금이 내가 바라던 최상의 상태라고는 생각지 않는다. 다만 예전보다 '좋은 환경'에서 지내고 있다 느끼긴 하지만, 객관적으로 보면 그저 시골로 이사해 푼돈이나 벌면서 한량처럼 지내는, 한마디로 속세를 떠난 사람으로 비칠 것이다.

하지만 나는 옛날부터 사회나 타인의 시선을 거의 신경 쓰지 않았다. 아마도 절반은 부모님의 영향, 나머지 반은 고독을 경험하면서 다져진 가치관 때문이 아닐까 싶다.

사람은 각자 좋아하는 일을 하고 자기가 되고 싶은 사람이 되며, 스스로 선택한 길을 간다고 생각한다. 불평불만을 늘어놓는 사람이 많은데 상황을 탓하지 마라. 원래 사람은 매 순간 자신에게 유리한 쪽을 택한다. 게으름을 피우고 싶으면 게으름을 피우고, 낭비하고 싶으면 낭비한다. 그렇게 자기 생각에 따라 본인이 바라는 인생을 살고 있다.

물론 내가 어찌할 수 없는 일들도 있다. 갑자기 비가 내려 젖게 되거나 불쑥 튀어나온 차량에 부딪혀 다칠 수도 있다. 예측할 수 없는 재해와 사고, 병마와 부상에 맞닥뜨리는 사람도 적지 않을 뿐더러 태어날 때부터 장애를 가지고 있는 사람도 많다. 하지만 그런 운명적인 상황을 포함한다 해도 일정 범위 안에서 어떤 선택을 할지는 개인의 자유이고, 스스로 생각한 대로 흘러갔을 것이다.

만약 자기 생각대로 되지 않았다고 여기는 사람이 있다면 처음부터 운명을 넘어선 것을 바랐거나 허황된 꿈을 좇고 있어서일 것이다. 이것이 내가 내린 결론이다. 그렇게 생각하면 남을 질투할 일도 없고, 자신이 선택한 길을 잘 살피며 집중할 수 있다. 남이 나를 어떻게 생각하든 상관없다는 인식에 이른다.

고독은 잔혹한 것일까?

가끔 타인을 의식하지 않는 것이 고독일지도 모른다는 생각이 든다. 솔직히 말하면 난 내가 고독한지 아닌지 잘 모르겠다. 그래서 고독은 내가 생각한 것보다 훨씬 잔혹할 수도 있고, 사람마다 고독을 느끼는 이유나 방식, 정도도 모두 다를 거라고 본다. 다만 나는 내가 경험한 고독에 대해서만 생각할 수 있으니 그것을 바탕으로 이야기하려고 한다.

이 책에서 하고 싶은 말은 '고독이란 그렇게 잔혹하지 않다.'는 점이다. 오히려 고독은 쉽게 내팽개쳐서는 안 될 만큼 가치 있는 것임을 말해 주고 싶다. 왜냐하면 요즘 젊은이들, 혹은 아이들 중에는 고독에 시달리다 쓰러지기 직전인 사람들이 있기 때문이다. 정말인지 조사한 것은 아니지만 그런 내용의 기사를 여기저기서 보았다. 어른들 맘대로 고독해서 자살했다고 해석하는 사례도 있다. 설령 유서에 "나는 고독하다."라고 적혀 있었다 해도 그게 사실인지는 아무도 모른다. 사람은 자기 마음을 정확히 파악하지 못하며, 때로는 어떤 말에 의존하여 생각하는 경향이 있기 때문이다.

고독은 정말 사람을 죽음에 내몰 정도로 마음을 갉아먹는 것일까?

바로 그 의문을 이 책에서 고찰해보려 한다. 아마 단순하고 명확한 해답은 나오지 않을 것이다. 고독에서 해방되는 특효약도 없다. 애당초 나는 '굳이 고독에서 해방되지 않아도 좋다.'고 여기기 때문이다.

여기서 한 가지 양해를 구하고 싶은 점이 있다. 사실 나는 심리학이나 사회학을 정식으로 배운 적도 없고, 그 방면의 지식은 거의 미비한 수준이다. 나는 대학에서 학생들을 가르치는 이

공계 연구자였다. 따라서 이 책에 실린 내용은 어떤 통계조사를 바탕으로 쓴 것이 아니라 내 개인적인 관찰과 사고를 담은 것이다. 즉, 한 사람의 사고 실험을 책으로 펴낸 것이다. 지금까지 쓴 책도 다 마찬가지다. 독서를 좋아해 날마다 책을 읽고는 있지만 어떤 특정한 책에 영향을 받아 쓴 내용은 없다. 그래서 인용도 전혀 하지 않을 생각이다. 이 책을 읽는 사람도 꼭 스스로 생각해서 자신만의 사상을 만들어나가길 바란다.

　인생을 살아가는 데는 돈도 별로 필요 없고, 친구도 그다지 필요하지 않다. 혼자 충분히 살 수 있다. 그러나 의미 있는 인생을 살고 싶다면 유일하게 가지고 있어야 할 것이 있다. 바로 '자신만의 고독한 시간'이다.

목차

4장 인생이 깊어지는 고독의 맛

5장 나를 성장시키는 양질의 고독법

1장

고독해지는 게
두려운가

왜 고독하면
외로울까

대중매체를 보면 요즘 아이들이나 젊은이들 중에는 고독을 두려워하는 사람이 많아 보인다. 하지만 내가 실제로 만나 이야기를 나눈 사람 중에는 고독해서 힘들다는 사람은 거의 없었다. 있어도 가벼운 수준이었다. 이 점에 관한 공식적인 데이터가 어떤지는 잘 모르겠다. 다만 왜 고독이 두렵냐고 사람들에게 물었을 때 내가 들은 대답은 "고독하면 외로우니까."였다.

아마 고독이 즐겁고 재미있다고 생각하는 사람은 극소수일 것이다. 그럼 왜 대부분의 사람들은 고독하면 외롭다고 생각할까?

먼저 고독의 정의를 살펴보자. 어떤 상태를 고독이라고 표현하는지는 사람에 따라 다르다. 어떤 사람은 친구가 없는 상태를 고독이라 하고, 어떤 사람은 여럿이 함께 있을 때 고독하다고 말한다. 아이러니하게 들리겠지만 나는 개인적으로 후자에 가깝다고 생각한다. 사람은 반드시 타인을 의식할 때 고독하다고 느끼기 때문이다.

'친구가 없다'는 표현도 여러 가지로 해석될 수 있다. 처음부터 친구가 없었는지, 아니면 예전에는 있었는데 지금은 없는 것인지에 따라 그 의미가 달라진다. 또한 어떤 계기로 친구가 없게 됐느냐 하는 문제가 있다. 싸워서 친구가 떠났을 수도 있고, 사고로 친구들이 다 죽어서 혼자 남겨졌을 수도 있기 때문이다.

고독을 느끼는 조건

만약 태어날 때부터 타인과 만날 기회가 없는 특수한 환경에 놓여있었다면 친구는 존재할 수 없다. 타인이 없으면 친구라는 개념조차 인식하지 못한다. 책 같은 것을 보지 않는 이상 '친구'라는 단어가 갖는 의미도 사라질 것이다. 과연 그런 경우에도 고독을 느낄까?

아마 태어날 때부터 친구를 경험할 기회가 없던 사람은 친구가 없는 상황을 외롭다고 느끼지 않을 것이다. 책이나 TV를 통해 여럿이 함께하는 즐거운 분위기를 동경할 수는 있다. 하지만 말 그대로 동경일 뿐 친구가 없다고 해서 자신의 환경을 비관하지는 않는다.

어릴 적 달나라 여행에 관한 책을 읽었을 때를 떠올려보라. 그때 내가 달 표면에 서 있지 않다는 사실이 서글펐는가? 그렇지 않다. 나도 언젠가 달나라에 가게 된다면 얼마나 멋질지 상상했을 뿐이다. 즉 친구를 경험한 적이 없는 사람은 '친구가 있으면 좋겠다', '친구가 있으면 얼마나 재밌을까.' 하는 소망을 가질지는 몰라도 현재 친구가 없다고 해서 고독하거나 외롭다고 생각하지 않는다.

이렇게 고독감을 느끼는 전제 조건은 단순히 친구가 없는 상황뿐만 아니라, 친구가 전해주는 온기나 함께 나누는 즐거움을 지각하는 데 있다. 친구가 없어서 외롭다는 것은 함께 어울릴 때 얼마나 즐거운지를 알고 있어서, 어울리지 못하게 되었을 때 생기는 감정이기 때문이다.

외로움이라는 감정

친구를 잃으면 왜 외로워질까? 친구들 사이에 끼지 못하는 상황이 생존의 위기를 뜻하기 때문에 외로움이라는 부정적인 감정으로 지각되는 것일까? 그렇다면 그 뿌리는 무리를 짓고자 하는 본능에 있다. 하지만 요즘에는 혼자 된다고 해서 생존의 위기와 직결되는 경우는 드물다. 주위 사람들에게 버림받아도 어린아이가 아닌 이상 어떻게든 살아갈 수 있는 사회이다. 다만 생존의 위기감이 외로움을 조장한다는 점은 무시하지 못한다. 멋대로 지어낸 상상일지라도 그 상상이 나를 괴롭히기도 한다. 어릴 적 친구들에게 따돌림을 당했다면 생존의 위기를 본능적으로 느꼈을 수도 있고, 어른이 돼서도 그 경험에 기초한 감정이 남아 있을 수 있기 때문이다.

더 나아가 우선 친구가 있고, 그 친구를 잃었을 때 느끼는 감정을 '외로움'이라 정의하면 들어맞지 않는 예들이 있다. 앞서 친구라는 존재를 전혀 모르면 고독을 느끼지 않고, TV나 책에서 본 내용은 동경에 지나지 않는다고 말했다. 그러나 가상 경험일지라도 나와 가까이 있는 또래의 행동을 보면 감정이입을 하기 때문에 현실성이 무척 높아진다. TV 드라마를 현실이라고 진지하게 받아들이는 아이도 있다. 즉 경험의 현실성은 개인에 따라 현저히 달라진다.

허구의 인물을 보며 망상에 빠져 '왠지 우리는 친구가 될 것 같아.' 하고 느끼는 일도 생길 수 있다. 상대방은 그럴 생각이 전혀 없는데 일방적으로 친구라고 믿는 일은 아이들에게는 흔히 있는 일이다. 그런 가상의 인식이 현실과 가깝게 지각될 가능성은 무척 크다. 그렇다면 가상 체험도 외로움을 느끼는 원인에 포함시켜야 한다.

어찌됐든 외로움이란 감정은 무언가를 '잃었다'는 허망함이다. '친근함'을 잃으면 곧 고독이 된다. 무언가를 잃었을 때 외로운 이유도 그 뿌리는 생존의 위기에 있다. 그러나 이제 외로움을 생존의 위기까지 거슬러 올라가서 생각하는 사람은 없다. 다만 자기 것이나 자기 시간을 잃었을 때 느끼는 상실감은 외로움이나 서글픔의 주원인이 된다. 비교적 되찾기 쉬운 것일수록 상처가 적고, 되찾을 수 없다고 깨달을수록 정신적으로 큰 충격을 받는다.

그런데 소유물이나 사람, 시간 등 어떤 특정한 것을 잃었을 때, 구체적인 대상을 아까워하며 슬퍼한다 해도 바로 외로움이나 고독으로 연결되지는 않는다. 충격을 받고 감정이 크게 동요

되는 현상이 먼저 생긴다.

가령 사랑하는 사람을 사고로 갑자기 잃었을 때, 바로 고독하다고 느끼지는 않는다. 그저 충격과 슬픔에 휩싸일 뿐이다. 외로움이나 고독은 그 충격이 가라앉은 후에, 즉 일상생활로 돌아왔을 때 떠오르는, 어떤 계기로 인해 문득 느껴지는 것이 아닐까.

또한 고독과 외로움은 잃어버린 대상에서 이미 멀어진 후에도 가슴 깊이 남아 있는 추상적인 감정이다. 여러 상실감이 겹쳐져 더 큰 외로움, 더 강한 고독감으로 변하기도 한다. 즉 '모두가 나를 떠나간다.'는 막연한 상실감이 더 처절한 고독감을 느끼게 한다. 쉽게 지울 수도 없는 그 감정이 결국 그 사람의 본성이나 인격에 영향을 주게 되지 않을까.

사람이 나이가 들면 그런 외로움이나 고독이 그 사람의 일부가 된다. 얼굴에 새겨진 주름처럼 깊어질지언정 사라지지 않는다. 굳이 설명하지 않아도 그 사람의 말과 행동에서 외로움이나 고독이 느껴지는 경우가 있다. 달리 말하면 과거의 흔적들을 느끼는 정신이 바로 인간성이다. 또한 정도나 대상은 다를지라도 추상적으로는 나도 그와 비슷한 무언가를 가지고 있기 때문에 느끼는 것이다.

무리 짓고자 하는 본능

'친구가 많다', '친한 사람들에게 둘러싸여 있다', '사랑하는 사람이 있다', '믿을 만한 사람이 나를 돌봐주고 있다⋯⋯.' 이 처럼 고독과는 정반대인 상황을 상상해보면, 즐거운 분위기가 먼저 떠오르지 않는가? 어째서인지 사람은 여럿이 잔뜩 모여 있으면 즐겁다고 느낀다. 파티가 좋은 예인데, 대부분의 사람들은 떠들썩한 곳을 좋은 환경이라 여긴다. 하지만 왜 그런지 생각해 보자. 사람들이 모이면 떠들썩하고 화기애애한 분위기가 조성되는 이유는 뭘까?

많은 사람이 주위에 있으면 동료 의식 같은 것이 생긴다. 본능적으로 그 자리가 안전하다고 느낀다. 도시로 사람이 모여든다. 어쩐지 사람이 많은 곳은 안심이 되고 혼자 있을 때보다 따스하게 느껴진다.

시골길을 드라이브하다 보면 좁은 범위 안에 옹기종기 모여 있는 집들을 볼 수 있다. 널찍한 토지에 띄엄띄엄 집을 지을 만도 한데 말이다. 수도시설과 길이 있어서 편리하니까 모인 것도 있겠지만, 사실 요즘에는 그런 조건들에 구애받지 않아도 된다. 그럼에도 불구하고 사람들은 주택지나 아파트 같은 집합 주택으로 모여든다. 옆집 사람의 목소리가 들릴 듯한 가까운 거리에서 북적거리며 살아가는 풍경은 참 신기하다. 물론 땅값이 비싸서 자연에 둘러싸인 넓은 토지를 사지 못한다는 말도 일리가 있다. 하지만 아무리 봐도 '어쩔 수 없이' 살고 있는 것 같지만은 않다.

만약 이사할 집을 알아보는데 어느 아파트에 유난히 빈집이 많다면 어떨까? 아무래도 경계하지 않겠는가. '사람이 없어서 조용하고 좋네.' 하고 생각하는 사람은 별로 없을 것이다. 또 동네 사람들이 갑자기 하나둘 이사 나간다면 혹시 나만 잘못하고 있는 것 아닌가 싶어 불안해하는 사람이 더 많을 것이다.

역시 인간은 무리를 짓는 동물이다. 그런 본능을 가지고 있기 때문에 '떠들썩함'이라는 개념이 생기고, 그 반대 개념으로 '외로움'이 있다. 그건 당연한 게 아니냐고 생각하는 사람도 있을 것이다. 하지만 잠시 생각해보자. "인간은 원래 어떠하다." 라는 정의에 얼마나 많은 사람이 얽매여 자유를 빼앗기고 있는지 말이다. "내가 무리를 짓고 싶다 느낀다면 어쩔 수 없는 거잖아." 하고 말한다면 반론할 생각은 없다. 하지만 진심으로 묻고 싶다. 정말 어쩔 수 없을까? 인간은 무리를 지으려는 본능에서 절대 벗어나지 못하는 걸까?

인간사회가 지금까지 발전한 이유는 본능보다 '사고(思考)'를 중시했기 때문이다. 본능은 곧 '욕망'이다. 어떻게든 꼭 하고 싶은 본능을 사고로 억제하는 것이 인간다운 것이라 생각한다. 인간은 마음 내키는 대로 행동하지 않고 주위 사람들과 의논하고 타협하면서 지금의 문명과 문화를 이뤄왔다. 눈앞의 욕망에 사로잡히지 않고 미래를 계획하며 생활하는 것은 인간만이 가능한 삶의 방식이다. 이처럼 본능을 거스르는 행동에 인간으로서의 존재 가치가 있는 것이다.

그렇다면 '여럿이 모여야 신이 난다', '주위에 친구가 있어야 즐겁다.'고 하면서 그런 상황을 추구하는 본능적인 욕망 또한 사고로 억제할 수 있지 않을까? 사실 고독에 대해 고찰하는 행동 자체가 이미 본능이 아니며, 인간이 아닌 다른 동물은 못하는 일이다. 그렇게 생각하는 힘이 있다는 데에 바로 인간의 존엄이 있다. 그래서 고독을 싫다고 감정적(본능적)으로 부정하기 전에 잠시 생각해 보는 자세가 중요하다. 고독에 관해 생각하는 것은 가치 있고 인간다운 행동이다. 더 거창하게 말하자면 사람으로서 살아가는 가치이자, 남은 생을 살아가는 의미이다.

왜 고독을
나쁘게만
생각할까

외롭거나 고독한 상황을 있어서는 안 될 '나쁜 상황'이라고 판단하는 이유는 뭘까?

고독을 싫어하는 본능적인 감각은 피할 수 없지만, 식욕처럼 생존과 직결되는 욕망에 비하면 그리 강하지 않다. 어린 시절에는 본능에 충실했더라도 철이 들고 스스로 사고할 수 있게 되면 점점 경험으로 체득한 사회적 판단을 중시하게 된다. 어린아이는 자기 뜻대로 되지 않으면 울며 발버둥치지만, 점점 그렇게 해봐야 아무런 이득이 없음을 깨닫는다. 마찬가지로 외로움이나 고독감도 본능적으로 불리한, 즉 생존의 위기감이 아닌 다른 기준에 따라 판단하게 된다. 그 기준은 무엇일까?

많은 사람이 어릴 때부터 동료와 협력하는 행동이 아름답다는 사회적 가치를 배운다. 유치원에 다니면 또래 아이들과 같은 행동을 하는 훈련을 강요받는다. '뭉치면 살고 흩어지면 죽는다'는 식으로 사람은 흩어지면 큰일을 이룰 수 없고, 작은 힘이라도 합치면 뭐든 할 수 있다고 세뇌당한다. 남의 말을 듣고, 규범을 따르고, 다른 사람들과 조화를 이루며 튀는 행동을 삼가는 것이 '착한 아이'의 조건이 된다.

이때 아이들은 모두 착한 아이가 돼야 한다고 세뇌당하는데, 참으로 의아한 일이다. 그런 감각을 세뇌당하는 것은 강아지 외에 다른 동물에게서는 거의 찾아보기 힘들다. 즉 누군가가 "참 착하구나." 하고 쓰다듬어준다고 해서 미덕이 되는 경우는 자연에서는 드문 일이다. 보통은(대부분의 동물은) 어떤 이득을 얻기 위해(먹이를 얻거나 위기에서 도망치기 위해) 착한 아이가 되려고 한다. 먹이를 얻어먹으려고 재롱을 부리고, 채찍을 맞지 않으려고 명령에 따르는 동물은 서커스에서나 흔히 볼 수 있다.

유치원생이 착한 아이가 되려는 것은 간식을 받기 위해서가 아니다. 어른들이나 친구들이 "넌 참 착한 아이구나." 하고 인정해줄 때 아이는 착한 아이가 되는 데 가치가 있음을 느낀다. 여기서 중요한 것은 '인정받고 있다'는 감각이며, 그런 감각 또한 거슬러 올라가 생각해보면 무리를 짓고자 하는 본능에 그 뿌리가 있을지도 모른다. 하지만 본능만으로 설명하는 데는 한계가 있다. 무리를 짓는 동물은 많지만 착한 아이를 지향하는 가치관은 애완동물 말고는, 즉 자연계에서는 거의 찾아볼 수 없기 때문이다.

인정받고 싶은 마음

착한 아이로 살면서 쾌감을 느끼는 이유는 주위의 인정 때문이다. '나'를 인정받아야 생존에 유리하기 때문이다. 여기서 '존재를 인정받는다'는 것은 무리의 일원으로서 '도움이 된다' 또는 '도움이 될 것 같다'고 인정받음을 의미한다.

어릴 때는 '인정받다'의 반대말이 '무시당하다'이기 때문에 무시당하는 최악의 상태에서 벗어나기 위해 어떤 형태로든 인정받고 싶은 마음이 앞서기도 한다. 여기에는 사춘기의 반항도 포함된다. 즉 다소 나쁜 짓을 해서라도 자신의 존재를 인정받고 싶다는 욕구가 생기는 것이다. 더 나아가 이런 욕구가 폭주하면 나를 무시하는 세상이 나쁘다, 그런 세상에 복수하고 싶다는 악감정이 생기기도 한다. 바로 이것이 나한테 관심을 주지 않았다며 폭력을 휘두르는 일이 생겨나는 이유다.

타인에게 인정받고자 하는 욕구는 나의 존재 이유를 형성하는 기본 요소이며, 어떤 순간에는 나의 전부가 되기도 한다. 이는 '정체성' 또는 '자아'와 같은 이름으로 불린다. 그리고 그것은 '자신을 응시하는 행위', '나의 내면에서 완결되는 의식'이라고 생각되기도 한다. 하지만 사실 '자아'는 '사람들이 나를 어떻게 보고 있는가?' 하는 인식과 상상에서 생겨난다. 주위에 나를 인정하는 사람이 있으면 든든하게 느껴진다. 생존과는 상관없지만 정신적으로 기댈 언덕이 된다.

착한 아이는 처음부터 '누구에게나 착한 아이'가 아니라 '누군가에게만 착한 아이'로 대상이 한정되어 있다. 처음에는 대부분 부모이고, 조금 나이가 들면 선생님이나 친구로 확대된다. 이렇게 사람은 나를 착한 아이라고 인정하는 대상을 늘려감으로써 사회에 자신의 '자리'를 만든다. 마치 동물이 둥지를 트는 행위와 비슷하다. 그 자리를 발판삼아 자신의 영역을 넓혀가려는 것이다. 많은 매체들이 이런 행위가 훌륭한 삶의 방식이고, 영역이 넓어야 하고 싶은 일을 하며 살아갈 확률도 높다고 가르치고 있다.

그러나 나이가 들고 인생을 절반 이상 살다보면 착한 아이가 되려는 감각은 둔해진다. 계속 착한 짓을 하지 않아도 살 수 있음을 깨달았기 때문이다. 이는 착한 아이가 되려는 행동이 생존의 위기감과 연관이 있음을 말해준다. 즉 10대나 젊은 시절에는 사회의 실체를 잘 모른다. 내게 어떤 가능성이 있는지 불확실할 뿐더러, 타인은 다 어른 같고 사회는 두렵게만 느껴진다. 그래서 두려운 어른이나 사회에 거스르지 않으려고 착한 아이가 되어 방어한다. 그러지 않으면 사회에서 말살당하지 않을까, 내 인생이 망가지진 않을까 불안하기 때문이다.

개중에는 착한 아이가 못 돼서 불안한 나머지 '착한 아이가 되지 못한' 사람들 틈에 자신의 자리를 발견하는 아이도 있다. 이 또한 혼자서는 반발하지 못하지만 동료와 단결하여 팀으로 저항할 수 있다는 전략이다. 일반 사회에서는 착한 아이가 되지 못해도 '나쁜 아이들' 사이에서는 착한 아이가 될 수 있기 때문에, 겉보기에는 반발하는 듯해도 사실 똑같은 행동을 하고 있다. 말하자면 분위기를 파악하고 무리에서 벗어나지 않는 행동을 한다는 뜻이다.

고독하게
만드는 것은
나 자신이다

　　　　　동료나 친구를 잃었다는 것은 결국 자신을 인정해주는 존재를 상실했음을 뜻한다. 그래서 동료나 친구가 곁에 있어도(물리적으로 생존해도) 그들이 나를 인정하지 않는다고 판명되었을 때 진짜 잃게 되는 것이다. 이는 인간의 두뇌가 갖고 있는 상상력에 기인한 것이다. 다른 동물들은 눈앞에 동료가 있고, 친구가 있고, 가족이 있으면 안심한다. 그러나 인간은 주위에 사람이 잔뜩 있어도 나를 인정하지 않는다는 생각이 들면 외로워한다. 마치 그 사람들을 잃은 듯한 느낌을 받는다.

　　여기서 중요한 점은 타인이 나를 인정하지 않는다는 판단이 주관적이라는 것이다. 물론 상대방이 "너 따위는 인정하지 않아."라고 명확하게 말로 표현했다면 다소 객관적인 판단이 될지도 모른다. 하지만 그 말에 상대방의 본심이 담겨 있다고 판단하는 것 또한 나의 주관이다.

말은 인간이 소통하는 수단이자 인간의 가장 큰 특징이다. 그럼에도 말은 그 말을 내뱉는 사람의 본심이라는 보장이 전혀 없다. 고의로 거짓말할 수도 있고, 말을 잘못하거나 무심코 내뱉을 수도 있으며, 무의식적으로 말하거나, 오는 말이 곱지 않아서 가는 말이 거칠어지는 등 많은 오류를 내포하고 있다. 하지만 말을 제외하면 상대방의 마음을 인지할 만한 수단이 없다. 행동으로 판단할 수 있는 것은 우호적이거나 적대적이라는 분위기뿐이다.

따라서 내가 인정받지 못하고 있다는 판단은 다분히 주관적이므로, 스스로 외로움과 고독감을 유발하고 있다는 뜻이 된다. 그러면 동료들 틈에 있어도, 도회지처럼 사람이 많은 곳에 있어도 고독해질 수 있다. 고독은 기본적으로 주관적인 생각에서 비롯된다.

물론 주관적인 생각이라 말하기 힘든 경우도 있다. 예를 들어, 한 학생에게 누군가가 갑자기 다가와 왜 째려보느냐며 폭력을 휘둘렀다고 가정해 보자. 상대방이 멋대로 만들어낸 주관 때문에 적대적이라고 판단되어 그 학생은 공격당한 것이다. 이렇게 물리적인 피해를 입으면 누구라도 '저 사람한테 나는 착한 아이가 아니야.'라고 생각하게 된다. 한마디로 상대방의 마음에 들지 않는, 인정받지 못하는 상황에 놓인다. 이런 상황이라면 객관적인 판단에 가깝다고 할 수 있다.

착한 아이가 되고 싶은 욕망

학창시절을 떠올려 보면 반에 왕따를 당하는 아이들이 한두 명씩은 있었는데, 주로 어떤 '연약함'이 있는 아이들이었다. 하지만 말없이 차분하다거나, 몸이 약하고 장애가 있다고 해서 왕따를 시키지는 않았다.

나는 중·고등학교 모두 남학교를 다녔는데 친구들끼리 한번 싸움이 나면 꽤나 화려했다. 피를 흘리는 일은 다반사여서 그 정도로는 선생님께 불려가지도 않았다. 싸울 때 자주 얻어맞는 친구를 보면 결코 결점 있는 아이가 아니었다. 오히려 정의감이 넘치거나 매사를 웃으며 넘기지 못하는, 융통성 없는 아이였다. 이는 그야말로 남자들끼리 치고받는 싸움이기 때문에 왕따와는 다를지도 모르겠다.

나는 키도 작고 몸이 약해서 자주 결석했다. 중학교에 올라갔을 때 조금 삐질거리는 아이가 이유 없이 갑자기 내 목을 조르려 한 적이 있었다. 그때 난 있는 힘껏 저항했고 그 아이는 놀라서 물러났다. 그 후로는 두 번 다시 날 괴롭히지 않았다. 언젠가는 내가 높은 시험 점수를 받는 것을 보고는 친근하게 말을 걸어오기까지 했다. 이런 모습은 학교가 사회의 축소판임을 보여준다. 아이들이 서로 힘을 가늠하고 있으니 말이다.

괴롭히는 사람은 괴롭히는 집단에서 착한 아이기 때문에 그런 분위기에 지배당해서 괴롭히는 행동을 한다. 혼자서 누군가를 괴롭히는 경우는 거의 없다. 반드시 다른 친구가 곁에서 지켜보고 있다. 괴롭히는 아이는 집단이 원하는 행동을 보여줌으로써 인정받고 싶은 것이다.

나는 중학교에 입학해서는 운동부에 가입했는데 처음 가입한 검도부에서는 특별히 친한 친구가 없었다. 그 뒤에 가입한 반더포겔부(독일어로 '철새'라는 뜻이며, 철새처럼 산과 들을 돌아다니며 심신을 다지는 활동을 함)에서는 오래 활동하면서 몇몇 친구를 사귀었지만 운동이 끝나고 나면 지쳐서 바로 집에 갔기 때문에 깊이 사귈 기회가 없었다.

고등학교 때는 여러 클럽 활동을 했다. 그중에서도 전파 과학 연구부라는 클럽에서 3년간 활동했는데 아마추어 무선기기를 자유롭게 사용할 수 있는 곳이었다(물론 개인적으로 국가시험을 봐서 면허를 따야 만질 수 있다). 그곳에서는 공통의 관심사가 있었기 때문에 우정보다는 정보를 나누는 관계에 가까웠다. 그러나 이때 정보와 기술을 가지고 있으면 동료들에게 인정받는다는 사실을 새롭게 깨달았다.

남에게 인정받는 수단

착한 아이가 되지 않아도 주위 사람들에게 내 존재를 인정받는 길이 있다. 바로 다른 사람에게는 없는 무언가를 가지고 있는 경우인데, 그 무언가는 상대방에게 도움이 되어야만 한다. 단순히 착한 아이가 아니라 '도움이 되는 아이'가 되는 것이다.

요즘에 와서는 오타쿠들 사이에서도 인정받는 일이 가능해졌다. 가령 겉보기에는 흐리멍덩해 보이는데 붓만 쥐면 그림을 엄청 잘 그리는 것이다. 이른바 '대단한 아이'다. 10대가 되면 이 대단한 아이들이 두각을 나타내기 시작한다. 남들이 "쟤는 엄청난 재능을 갖고 있어."라고 인정하기 때문이다. 실제로 많은 사람에게 도움이 되지 않아도 상관없다. 오타쿠 집단이라면 그 안에서 대단한 사람이 되면 그만이다.

남에게 인정받고 "대단한데!"라는 말을 들었을 때 기분 좋은 이유는, 사회가 정한 객관적인 가치에 스스로 얽매여 있기 때문이다. 자신에 대한 평가는 스스로 내릴 수 없고 자기만족만으로는 뭔가 부족하다는 것을 점점 깨닫게 된다. 게다가 부모보다는 생판 모르는 사람에게 칭찬받을 때 더 기뻐한다. 가족보다는 타인이 나와는 멀고 사회와는 가깝기 때문이다. 사람은 무의식중에 사회라는 집단에서 모두에게 '칭찬받는 사람'이 되고 싶어 한다. 그래야 사회에 내가 편안하게 머물 자리가 생길 거라는 강한 예감이 들어서다.

이처럼 대단함을 내세워 자기 자리를 확보할 수 있는 사람은 적어도 철저한 고독에 빠지는 일은 별로 없다. 비록 좁을지언정 자신이 인정받는 확실한 공간이 있으면 그곳을 버팀목 삼아 설 수 있다. 타인과의 관계가 모조리 끊어질 일은 없다는 뜻이다. 또한 어떻게 하면 그 대단함을 유지할 수 있는지, 어떻게 하면 더 대단한 사람이 될 수 있는지가 명확하다. 가령 공부를 잘해서 대단한 사람이 된 학생은 학문에 몰두하는 일이 자신의 입지를 다지는 길임을 깨닫는다. 또 스포츠에 뛰어난 아이는 더 대단해지려면 무엇을 해야 하는지 알고 있다. 여기서 말하는 대단함은 특정한 개인과 맺는 인간관계가 아니라 객관적인 평가이기 때문에 단순하고 명확하다. 잘 풀리지 않아서 딜레마에 빠질지는 몰라도, 어떻게 해야 할지 몰라 헤매는 일은 생기지 않는다.

약하고 착한 아이, 강하고 착한 아이

착한 아이로 불리는 사람들 중에는 어느 순간 맺고 있던 관계가 단번에 끊기는 황당한 일을 겪기도 한다. 이들은 사람들과 얕은 관계를 유지해온 '약하고 착한 아이'다. 이런 유형의 사람은 그저 어울리는 사람들 중 한 명일 뿐, 꼭 그 사람이 아니어도 상관없을 때가 있다. 주위 몇몇 사람들의 마음에만 든 경우다. 그래서 다른 집단에 속하게 될 때 바로 '양호한 인간관계'를 맺는 것이 쉽지 않다.

같은 착한 아이라 하더라도 개성 있는 '강하고 착한 아이'는 매력이 있어서 다른 집단으로 옮겨도 금방 동료나 리더가 될 수 있다. 그래서 스스로 독립해 다른 집단을 만들기도 한다. 이때 분위기에나 휩쓸리던 약하고 착한 아이는 내가 집단에 꼭 필요한 존재가 아니라는 사실에 직면한다. 영양가 없이 이어오던

'관계'에 매달려 있었을 뿐이다. 도움이 되는 아이나 대단한 아이처럼 자신만의 고유한 특성이 없기 때문에, 시간이 흐르거나 환경이 변했을 때 단번에 구조조정을 당하는 것이다.

정리해고를 결정적인 말로 통보받는 경우는 거의 없다. 그저 친구들이 서서히 멀어질 뿐이다. 물론 만나려고 하면 만날 수 있고 연락하면 답장은 온다. 하지만 점점 소원해지면서 이런저런 핑계로 거절당하는 일이 늘어난다. 이럴 때 사람은 외로움이나 고독을 실감하게 된다.

오타쿠 사이에서도 '도움이 되는 아이'나 '대단한 아이'는 주위 사람들이 반드시 의식한다. 주위 사람들이 나를 의식한다는 사실만으로도 고독감에서 벗어날 수 있다. 친구를 만날 필요도 없다. 그저 나의 개성과 재능을 갈고닦는 것이 살아가는 보람이 되어 외로움을 쫓아낸다. 즉 더욱 도움이 되는 사람, 더 대단한 사람이 되면 남들이 나를 무시하지 못하리라는 신념이 큰 버팀목이 된다. 그렇게 정신적인 안정과 그 사람 나름의 즐거운 인생을 보장받는다.

허구를
상실해서
생기는 고독

조금 조심스럽지만 애주가를 예로 살펴보자. 애주가란 그저 술 마시기 좋아하는 사람에게 붙이는 말이 아니다. 그런 사람은 날마다 집에서 혼자 술을 즐기기 때문에, 애당초 주위 사람들이 애주가라는 걸 눈치채지 못한다. 대부분의 애주가는 사람들과 함께 취하고 싶어 한다. 여럿이 모여 떠들썩하게 술을 마시면 그 자리가 정말 즐겁다. 게다가 맨정신이 아니기 때문에 더 근사하게 느껴지기도 한다. 그러나 몇 시간에 걸친 술자리가 끝나고 밖으로 나가면 '이제 혼자 밤길을 걸어 집에 가는 일만 남았구나.' 하는 외로움이 엄습한다. 그래서 기를 쓰고 2차에 가자며 동료를 이끈다. 동조하는 동료들이 생기면 다시 즐거움이 찾아온다. 이때 애주가의 기분은 최고조에 달한다. 도중에 빠진 사람은 더 이상 동료가 아니며, 따라오는 사람만이 진짜 친구라고 그 순간만큼은 믿는다. 물론 이것은 취기 때문에 감각이 둔해져서 생긴 명백한 환상이자 착각이다(취기가 가시고 나면 착각이었음을 실감하게 될 것이다).

고독 속에 혼자 남겨지느니 고주망태로 취하는 편이 낫다고 생각하는 사람도 있는데, 결국 제정신을 잃은 상태에서 그날 밤은 끝이 난다. 어쩌면 그렇게 끝나는 것이 최선일지도 모른다. 그러지 않으면 즐거웠던 시간들을 전부 앗아가는 외로움이 엄습하기 때문이다.

물론 다음 날 취기가 가셨을 때 고독하다고 느끼는 사람도 있다. 내 지인 중에는 술자리 다음 날, 사람들을 찾아다니며 사과하는 사람이 있다. "무슨 소리야? 괜찮아, 괜찮아." 하며 사람들이 웃어주지 않으면 쓸쓸함을 억누를 수 없다고 한다.

1차에서 깨끗하게 털고 귀가하는 사람은 이 허구의 즐거움보다 자기 시간, 자기 집, 자기 가족 등 현실에서 즐거움을 느끼는 사람이다. 술자리가 허구라는 사실을 알고 즐긴다. 그러니 "즐거웠어. 그럼 내일 봐." 하고 미소 지으며 귀가할 수 있다. 하지만 현실이 즐겁지 않은 사람은 비록 허구일지라도 그 끝에 있을지도 모르는 즐거움에서 소외당할까 봐 두려워한다. 그래서 썩 내키지 않아도 마지못해 따라가는 것이다.

마시기 전에는 허구라는 것을 알고 있어도, 일단 술이 들어가면 눈앞에 펼쳐지는 즐거운 광경은 허구로 느끼지 않는다. 거기에 진실이 있고, 진짜 우정이 있다고 생각한다. 그런 사람이 계속 술을 마신다.

애주가 이야기를 했지만 사실 사람은 술을 마시지 않아도 취할 수 있다. 소설을 읽거나 드라마를 보는 등 가상 세계에 빠질수도 있고, 현실에 바탕을 두고 자신이 상상으로 꾸며낸 허구를 즐길 수도 있다. 이런 경우 '속고 있다'고 하기에는 좀 부적절해 보이고, 그런 환상에 몸을 맡기는 것도 어쩌면 행복일지 모른다. 다만 어느 쪽이든 허구가 무너질 때는 상처를 받는다. 허구는 현실에 존재하는 타인이 지탱해주는 구조일 때 무너진다. 타인에 의존하고 있기 때문에 타인의 행동이 내 생각에서 벗어나면 허구가 성립되지 않는 것이다. 때로는 허구가 무너짐으로써 인생을 살아가는 데 치명상을 입는 사람도 있다.

여기서 중요한 점은 상처를 입었을 때, 즉 외로움이나 고독을 느꼈을 때 내가 어떤 허구의 즐거움을 잃었는지 생각해보는 것이다. 특정한 한 가지 원인이 있을 수도 있고, 실체를 알 수 없는 무언가일 수도 있다. 나아가서는 그 즐거움이 처음부터 실재했는지 확인하는 작업이 필요하다.

기본적으로 '생각하는 행위'는 나를 구원한다. 너무 깊이 생각해서 오히려 위축된 사람에게 너무 깊이 생각하지 말라고 조언하는 경우가 있는데, 내 의견은 다르다. 너무 깊이 생각하는 행위는 한 가지만을 생각하거나, 그것에만 골몰할 때 해가된다. 다양한 생각을 하는 것이 중요하며, 어떤 경우에도 깊이 잘 생각하는 행위는 좋은 결과를 가져온다고 믿는다.

고독에 관해 생각해보는 것만으로도
가치 있는 인간다운 행동이다.
더 거창하게 말하자면 사람으로 살아가는 가치이자,
남은 생을 살아가는 의미이다.

2장

왜 고독하면
안 되는가

외롭다는
감각은
어디서 오는가

　　　　1장에서 외로움이나 고독감은 즐거움을 상실했을 때 느껴진다고 이야기했다. 또한 무리 짓기를 좋아하는 동물적인 본능과 관계있다는 추론을 바탕으로, 각자가 상상하는 허구의 즐거움과 현실 사이에는 차이가 있음을 살펴봤다. 이런 관점에서 보면 '외로움이나 고독감이 나쁘다.'는 인식은 생존에 불리하다는 감각에 기초한다.

　이번 장에서는 왜 외로움이 두려운지 생각해보려고 한다. "좀 외로운 것 같아." 하는 가벼운 감정이라면 문제없지만, 개중에는 외로움에 무너지는 사람, 지독한 고독감에 시달리다 죽음을 선택하는 사람도 있기 때문이다.

생존의 위기라는 측면에서는 '공복'도 마찬가지다. 외로움보다 훨씬 죽음과 직결된 감각이다. 그래도 공복 상태인 사람은 무엇을 해야 할지를 알고 있다. 이는 모든 동물이 갖고 있는 기능이고, 배고프다는 생각이 들면 자연스레 먹이를 찾아 헤맨다. 반면 외로움은 단순히 친구와 함께 있고 싶다고 해서 친구를 찾는 행동으로 이어지지 않는다. 공복보다 외로움의 원인이 훨씬 복잡하고 해결하기 어렵기 때문이다. 혼자서는 어쩌지 못할 때도 있다.

외로움을 느끼게 하는 원인이 복잡한 이유는 그저 막연히 친구가 있고 없고의 문제가 아니라, 더 수준 높은 감정이나 의지와 연관되어 있기 때문이다. 아이가 엄마를 찾으며 우는 동물적인 행동이나 애인이 없어서 느끼는 외로움과 고독감은 누가 봐도 단순하고 해결 방법도 뻔할 수 있다. 하지만 인간이 껴안고 있는 고독은 그리 단순하지 않다. 고독감은 10대가 되면 누구에게나 한 번쯤은 찾아오는 감정이며, 20대가 되어 사회생활을 하다 보면 명확히 인지하지는 못해도 마음 한구석에서 언뜻언뜻 느끼게 되는 보편적인 감각이다.

고독을 두려워하는 이유

죽음과 직결되는 문제도 아닌데 우리는 왜 고독을 두려워할까?

이런 경향은 특히 젊은이들 사이에서 두드러진다. 사회를 잘 모르고 사회와 나의 관계가 명료하지 않은 시기에 느끼는 고독감은 본인에게 무시할 수 없는 영향력을 끼치기도 한다. 사실 이 책을 쓰게 된 이유도 그 정체 모를 고독감을 조금이라도 달래주고 싶은 마음에서였다. 나는 고독감이 주로 외부 세계를 제대로 관찰하지 못하고 자유롭게 사고하지 못할 때 생긴다고 생각한다. 따라서 착각을 버리고 잠시 생각하는 행동이 고독에서 탈출하는 열쇠가 될 거라고 본다.

'확실히 외로움은 나에게 부정적이다', '기분이 좋지 않다', '외로움이 길어질수록 나란 존재가 점점 싫어진다', '이렇게 외롭게 사느니 차라리 죽는 편이 낫다…….' 이런 생각이 들 수도 있다. 사실 비관적인 생각 자체가 틀린 건 아니다. 하지만 먼저 다음 질문에 답해 보자.

왜 외로우면 안 되는가?

왜 외로운 게 싫은가?

외로움은 정말 견딜 수 없을 만큼 괴로운 것일까?

이 질문에 "싫은 건 싫은 거니까 어쩔 수 없어."라고 답하는 사람이 생각보다 꽤 많다. 이는 생각이 멈춘 것으로 외로움이나 고독보다 훨씬 위험한 상태라고 할 수 있다. 사고하는 것은 인간의 고유한 특성이다. 그래서 사고하기를 포기하면 정말 구제할 수 없는 상태에 빠지게 된다. 사람은 자기도 모르게 생각하기가 귀찮아서, 생각을 안 하는 게 편하니까 꾀를 부린다. 그런 자세를 고치는 의미에서라도 우선 간단한 문제부터 생각해봤으면 좋겠다.

외로우면 어떤 나쁜 일이 일어나는가?

'외로우면 눈물이 난다', '아무것도 하기 싫다', '컨디션이 나빠진다.' 등등 사람에 따라 나타나는 여러 부정적인 현상이 있을 것이다. 반면 즐거우면 활기가 넘치고 무슨 일이든 적극적으로 임하며 무거웠던 몸이 가벼워지고 컨디션도 좋아진다. 개중에는 눈물이 나거나 의욕이 없어지는 상태를 외로움이라 정의하는 사람도 있다. 그러나 잘 생각해보면 '외로움은 나쁜 감정이다.'라는 선입견 때문에 부정적인 현상들이 부각되어 보이는 건 아닐까? 내 눈에는 많은 사람이 그저 잘못된 믿음 때문에 외로움을 필요 이상으로 나쁘게 생각하는 것으로 보인다.

고독에는 가치가 있다

"외로우면 뭐가 좋지?"

의문을 제기하는 사람도 있을 것이다.

좋은 점은 많다. 그것도 여러 면에서. 우선 쉬운 이야기부터 해보자. 일반적으로 '떠들썩함'은 좋고 그 반대인 '외로움'은 나쁘다고 생각하는데, 여기서 외로움은 '조용하고 차분한 상태'로 바꿔 말할 수 있다. 파티는 떠들썩하지만 다실(다도를 위해 마련된 공간) 안은 조용하다. 일본의 전통미에는 '와비사비(侘び寂び)' 정신이 있다. '소박하고 한적하다'는 뜻이다.

자연이 드넓게 펼쳐진 산속으로 발을 들여놓으면 도회지에서는 느낄 수 없는 고요함이 있다. 그야말로 외로움 그 자체다. 하지만 그런 환경이 우리에게 해롭다고 말할 수 없다. 오히려 그런 고요함이 무척 중요해지는 순간이 있다. 가령 어떤 생각을 할 때 떠들썩하면 방해만 된다. 수학 문제를 풀 때 주변에서 친구들이 즐겁게 떠드는 장소는 분명 적합하지 않다.

개중에는 "외로우면 이런저런 생각을 하게 돼서 괜히 우울해진다."고 말하는 사람이 있다. 이 말은 곧 떠들썩한 곳에서는 아무 생각을 안 해도 된다는 의미가 된다. 어쩌면 인간은 사고가

정지되기를 본능적으로 바라고 있는 것이 아닐까 하는 생각이 들 정도다.

생각하는 행위가 고통스럽다고 느끼는 사람에게 외로움은 부정적인 감정일지도 모른다. 외로움의 긍정적인 면을 활용하지 못하기 때문이다. 그럼 음악을 들을 때는 어떤가? 음악을 느긋하게 듣고 싶을 때는 주위가 조용한 편이 낫지 않은가?

음악을 진지하게 듣는 '정신 집중'은 사실 사고하는 것에 가깝다. 독서에 빠지거나 그림 그리기에 몰두하는 행위도 마찬가지다. 이들의 공통점은 '개인 활동'이라는 점이며, 조용한 환경이 어울린다. 많은 사람이 모여 있는 곳에서는 정신이 산만해져서 집중하기 힘들다. 이렇게 조금만 생각해보면 외로움이나 고독이 우리들에게 중요하다는 것을 알 수 있다.

외로움은
나쁘다는
세뇌된 불안

　　　　사람들이 외로움을 멀리하려는 두 번째 이유는 외로우면 좋지 않다고 세뇌당하고 있기 때문이다. 대중매체에서는 동료의 소중함을 과장되게 다루는 경향이 있다. 고독은 무척 괴롭다는 감각을 보는 사람에게 심어주고 있다. 드라마나 애니메이션에서도 그런 연출이 자주 반복된다. 가족애도 마찬가지인데, 그런 종류의 '감동'은 제작자에게도 기술적으로 간단하고, 보는 사람에게도 본능적으로 쉽게 받아들여진다. 그래서 사회에 만연하게 되었고, 이 요소만 집어넣으면 반드시 성공한다는 속설까지 생겨났다.

　　TV와 영화, 애니메이션, 소설, 만화 모두 이런 안이한 감동으로 사람들을 끌어모으려 한다. 냉정하게 말하자면 싸구려 감동이다. 싸구려 감동이 사회 전체에 흘러넘치고 있다. 사랑하는 사람이 죽으면 슬프지만, 그 외로움을 잊게 하는 것 또한 사람이라는 진부한 감동이 얼마나 많은가. 보는 사람도 그런 유형을 반복적으로 접하다 보면 조건반사처럼 자연스럽게 눈물을 흘린다. 사람이 죽거나 울부짖는 장면, 부모 자식 혹은 연인이 헤어지는 장면에서 눈물이 나는 것은 당연하다.

하지만 눈물이 난다고 해서 그게 감동은 아니다. 가끔 '많은 사람이 오열한 작품!'이라고 홍보하는 경우가 있는데, 눈물을 자아내면 훌륭한 작품이라는 평가는 잘못되었다. 사람을 울리는 일은 아무나 할 수 있기 때문이다. 맞으면 아프다고 느끼는 것처럼 눈물은 슬픈 장면을 보면 나오는 단순한 반응이다.

그러나 이처럼 감동을 싸게 파는 환경에서 자란 사람은 그런 것들이 감동적이고 아름답다고 세뇌당한다. 그러면 사고는 더 정지되어 세뇌당한 정보가 어느새 그 사람의 가치관이나 상식이 된다. 스스로 깊이 생각하지 않으면 그것이 평범하고 절대적인 진리라 믿게 되고, 그렇지 않은 것은 '이상하다' 느끼게 된다.

결국 이렇게 세뇌된 관념에 따르면 고독은 떨쳐버려야 하는 비정상적인 것이므로 고독을 느끼는 것만으로도 자신을 부정하게 된다. 그 관념이 어디에서 왔는지는 생각조차 하지 않는다. 그래서 위험하다.

미디어가 담고 있는 전형적인 허구

물론 많은 대중매체가 나쁜 의도를 갖고 작품을 만들지는 않았을 것이다. 오히려 '친구와 가족 간의 관계를 소중히 여기자.'고 도덕적으로 지도하고 있는지도 모른다. 그 영향으로 좋은 방향으로 나아간 사람들도 꽤 있을 것이다. 하지만 개중에는 그렇지 않은 사람도 있다는 점을 잊어서는 안 된다. 그것이 절대적으로 옳다고 너무 강조하면 어떤 계기로 낙오된 사람들은 "이제 난 끝났어." 하고 절망하기 때문이다.

미디어가 담고 있는 허구가 지나치게 한쪽으로 쏠려 있다는 게 가장 큰 문제다. 가령 미디어에서 가족이나 친구와 상관없이 혼자 굳건하게 살아가는 사람을 그린 적이 있던가. 친구나 가족에게 배신을 당해도 혼자 즐겁게 살아가는 방법이 있다고 가르친 적이 있던가. 미디어는 그런 상황을 외로움 없이 표현하지 못한다. 보통 사람은 그렇게 생각하지 않는다고 미리 단정 짓고 있기 때문이다.

비록 소수일지라도 그런 삶이나 가치관을 무시해서는 안 된다. 동료나 가족이 인생에서 가장 소중하지 않아도 결코 이상하거나 외롭지 않다. 그것 말고도 즐거운 일은 얼마든지 있으며 아름다운 것도 많다. 때로는 그런 생각을 인정할 필요가 있지 않을까.

가령 일반적이지는 않지만 천체 관측에 한평생을 바치는 인생도 있다. 수학 문제를 푸는 일이 그 무엇보다 중요한 인생도 있다. 불상을 조각하는 데 목숨을 바치는 인생도 있다. 거기에 동료와 가족, 친근함, 사랑, 인연은 존재하지 않는다. 그저 '나'라는 한 사람만이 존재한다. 보통 사람에게는 외롭고 고독한 인생으로 보일 것이다. 하지만 본인은 전혀 그렇지 않다. 그 일이 즐거워서 날마다 활기차게 웃으며 살아간다.

나는 실제로 그런 사람을 몇몇 알고 있다. 오히려 보통 사람들보다 훨씬 즐거워 보인다. 그야말로 인생을 구가하고 있다. 그 '자유로움'은 결코 이상하지 않다. 어떻게 보면 그런 사람들이 더 인간적이고 수준 높게 인생을 즐기고 있다는 생각이 든다.

또한 그렇게 자유로운 인생을 사는 사람들은 타인과 경쟁하지 않고 평화를 바라며, 남에게 피해를 주지 않는 매너를 갖추고 있다. 세상 모든 사람이 그렇게 된다면 전쟁과 다툼은 사라지지 않을까. 대체 어떻게 그들의 삶의 방식을 부정할 수 있단 말인가.

외로움을 알기에
즐거움도
느낀다

원래 즐거움과 외로움은 빛과 그림자처럼 어느 한쪽만 존재할 수 없다. 즐거움과 외로움은 파도처럼 반복적으로 출렁이는 운동에서 위 정점과 아래 정점에 불과하다. 즐거움이 있으니까 외로움을 느끼고, 외로움을 아니까 즐겁다고 느낀다.

만약 왕자님처럼 날마다 많은 사람에게 둘러싸여 파티를 하며 떠들썩한 시간을 보낸다면 어떨까? 아마 길게 가지는 못할 것이다. 곧 조용히 혼자만의 시간을 보내고 싶다고 생각하게 될 것이다. 물론 그 반대로 계속 혼자 생활하다 보면 누군가가 놀러 왔으면 좋겠다고 자연스럽게 생각한다. 어느 쪽이 좋고 어느 쪽이 나쁜 것이 아니라, 떠들썩하고 즐거운 시간과 조용하고 외로운 시간이 모두 필요하다. 그리고 어느 한쪽으로 치우치지 않는 변화가 바로 살아가는 재미이며 인생의 묘미다. 고통 뒤에 즐거움이 따르고 떠들썩함 뒤에 고요함이 따르는 변화가 즐거움과 외로움을 느끼게 한다. 1장에서 고독이 즐거움을 잃었을 때 생기는 감각이라고 말한 이유는, 결국 무언가를 잃는다는 변화가 외로움을 안겨주는 근원이기 때문이다. 반대로 즐거움은 고통과 외로움이 사라졌을 때 느끼는 감정이다.

왜 외로우면 안 되는 걸까?

악(惡)은 선(善)이 변화한 것이며 선은 악이 변화한 것이다. 따라서 외로움이 부정적인 감정이라면 긍정적인 감정이 있기 때문임을 알 수 있다. 더구나 이런 변화는 당연히 우리가 살아가는 동안 계속 반복된다. 그렇다면 외로움과 고독은 그 뒤에 찾아올 즐거움을 위한 준비 단계. 안 풀리는 상황도 좋은 상황으로 도약하기 위해 몸을 웅크리는 순간이며, 약간의 고생과 수고는 뒤따르기 마련이다. 이처럼 고독할 때는 힘든 만큼 앞으로 즐서워질 거라고 생각하면 된다. 그래야 한적한 세계에 빠질 수 있는 여유가 생기고, 그런 여유가 곧 미(美)이기도 하다.

원래 즐거움과 외로움은 빛과 그림자처럼
어느 한쪽만 존재할 수 없다.
즐거움이 있으니까 외로움을 느끼고,
외로움을 아니까 즐겁다고 느낀다.

사인곡선으로 고찰하다

　지금까지 내 의견이 너무 끼워 맞추기 식이라고 느끼는 사람도 있을 것이다. 하지만 그만큼 외로움이 왜 나쁜지 확실한 근거가 없다는 뜻이기도 하다. 즐거움은 무엇인가에 대한 대답도 마찬가지다. 친구와 사이좋게 어울리는 시간은 왜 즐거운가?

　바로 친구가 없었던 외로운 시간이 사라졌기 때문이다. 생명을 유지하기 위한 본능을 제외하면 달리 설명할 길이 없다.

　앞서 말했듯이 외로움과 즐거움은 파도처럼 반복된다. 하지만 '나는 늘 고독감을 맛보고 있다. 그리고 앞으로도 이 상황에서 벗어나지 못할 것 같다.'고 고민하는 사람도 있을 것이다. 극단적인 예이긴 하지만, 사형선고를 받고 독방에 갇혀 있는 사람이 그런 소리를 한다면 부정할 수 없다. 하지만 적어도 자유로운 몸으로 하고 싶은 일에 시간을 쏟고 있는 사람이라면, 긍정적인 미래로 전환하기 위해 어떤 수를 써야 하지 않을까?

　재미없는 상황에 처해 있더라도 생각은 할 수 있다. 계획을 세우고 설계도를 그려보는 것만으로도 기분은 크게 호전된다. 또한 나아지기 위해 구체적으로 실행 가능한 방안부터 실천하기 시작하면 더욱 즐거워진다. 많은 경우 이 단계에서 이미 외

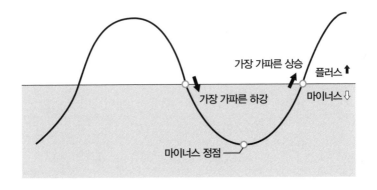

로움과 고독감에서 벗어난다.

　사람의 기분은 마치 파도처럼 높아졌다가 낮아지기도 한다. 바이오리듬 곡선 또는 사인곡선(sine curve)을 떠올려보라. 보통 가장 높은 지점이 즐거운 상태이고, 가장 낮은 지점이 외로운 상태라고 생각하기 쉽다. 하지만 내 생각은 조금 다르다. 인간은 자연스럽게 앞을 내다보는 성질을 가지고 있다. 사실 이 곡선에서 가장 위로 향하는 지점은 상하 정점의 중간, 즉 마이너스에서 플러스로 전환되는 지점이다. 반대로 가장 아래로 향하는 지점은 플러스에서 마이너스로 전환되는 지점이다. 양쪽 다 0인 상태이다. 인간의 감정은 현재 상태가 아니라 현재 향하고 있는 방향, 그 '기세'에 좌우될 때가 많다. 그래서 늘 최상의 상태에 놓여 있는 왕자님은 지루하고, 계속 혹독한 상태에 놓여 있는 독방 사형수는 그다지 고독감에 괴로워하지 않는 것이다 (어디까지나 상상이지만). 오히려 그렇게 변함없는 상황이 계속되면 어떤 깨달음의 경지에 이를 수도 있다.

변화율이 감정에 영향을 끼친다

조금 어려운 표현일지 모르지만, 이 곡선은 기분이 실제 위치 (퍼텐셜potential)가 아니라 속도(벨로시티velocity)에 따라 좌우됨을 보여준다. 속도는 위치를 시간으로 미분한 것이다(미분 대신 변화율을 생각해도 좋다). 1장에서 한 말을 수학적으로 바꿔봤는데, 여기서 주목해야 할 점은 그 속도를 내기 위해 어디서 에너지를 쓰고 있느냐는 것이다.

뉴턴 역학의 정의에 따르면 속도를 변화시키는 것은 곧 힘이다. 그리고 속도의 변화가 가속도이다. 가속도는 속도를 미분한 것이므로, 처음 사인곡선이 코사인곡선이 되어 주기가 4분의 1 밀린다. 그리고 코사인곡선을 한 번 더 미분하면 다시 주기가 4분의 1 밀려나 처음 사인곡선이 위아래로 뒤바뀌게 된다(마이너스 사인곡선). 이는 밑바닥에 있을 때 상승하기 위해 가장 큰

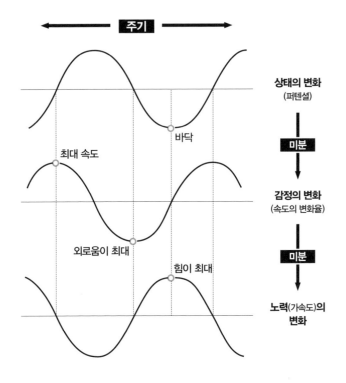

힘을 쓰고 있음을 뜻한다. 가장 큰 즐거움을 느끼는 최대 속도 지점에서 힘은 0이 되며, 그 후로는 브레이크(역방향의 힘)가 걸리기 시작한다.

나는 내 소설 속 등장인물의 대사로 이런 말을 쓴 적이 있다.

"죽음을 두려워하는 사람은 없습니다. 죽음에 이르는 삶을 두려워하는 것이지요."

이것도 똑같은 이론이다. 스스로 의식하지 못해도 사람의 감정은 현 상태(퍼텐셜)의 변화를 미분한 값에 좌우된다.

사람의 컨디션, 사람이 해낸 일의 완성도 등 모든 것이 이 이론에 들어맞는다. 즉 사람은 밑바닥에 있을 때 "뭐든 해야지!" 하며 가장 애쓰기 때문에 상승하는 계기가 된다. 하지만 상승세가 가장 가파를 때 즐거움을 느끼고 만족하기 때문에 자기도 모르는 사이에 노력하는 힘이 0이 된다.

외로움의 정점, 즉 고독의 밑바닥에 있을 때 인간의 정신은 가장 활발하게 활동하고 자신을 걱정하며 뭔가 해보려고 안달한다. 물론 그전부터 손을 쓰지만 가장 밑바닥에 있을 때 그 노력은 최대로 커진다. 또한 마이너스 상태에서도 조금씩 위로 상승하면 액셀을 풀기 시작한다. 방심일 수도 있고, 처음부터 방심하기 위해 괴로워했다고도 볼 수 있다.

두 번째 그림을 보면 외로움을 가장 크게 느끼는 지점에서는 아무 노력도 하고 있지 않다는 것을 알게 된다. 외로움이나 고독을 느낄 때는 아무것도 손에 잡히지 않기 때문에 얼마 동안은 기분이 점점 가라앉는 것이다.

고독을 알수록
고독에서
자유로워진다

　　　　외로움과 즐거움의 곡선에서 상승과 하강은 일정한 주기로 나타나지 않는다. 사인곡선은 설명을 위한 모식도일 뿐이고, 실제 인간이 겪는 파도는 수많은 사인곡선이 겹쳐진 복잡한 형태를 띤다. 하지만 그 변화율을 생각함으로써 심리적인 영향을 어느 정도는 파악할 수 있다.

　그렇다면 다시 '왜 외로우면 안 되는가?' 하는 문제로 돌아가보자. 고독을 느끼는 지점은 아직 최악의 상태가 아니다. 다만 앞으로 험난해지리라 예상된다. 게다가 바로 이 시기에 어떤 '노력(힘)'이 필요하다.

　동물에게 힘을 내거나 에너지를 소비하는 행위는 곧 피로를 뜻한다. 힘을 다 소진한 후에 느끼는 피로는 죽음에 가까운 감각이며, 지친 상태다. 이 상태가 힘들고 괴롭기 때문에 되도록 피하고 싶다는 의식이 본능적으로 발동한다. 즉 외로움이 나에게 나쁜 상황이라는 감각은 그 뒤에 따라올 힘을 소비하는 행위에 대한 공포이자, 피곤하고 귀찮아지리라는 불길한 예감에서 온다. 반면 즐거움을 좋은 상황이라고 느끼는 감각은 그 뒤에 오는 휴식, 즉 탈력에서 비롯된다. 이는 휴식과 보양을 뜻하므로 활력으로 이어지는 효과가 있다. 그래서 기쁨을 느낀다. 이렇게 보면 역시 인간의 감정을 지배하는 것은 삶과 죽음임을 다시 한 번 확인할 수 있다.

자유로워지기 위해서

인간은 '사는 것'과 '죽는 것'에서 벗어나지 못한다. 어차피 죽을 건데 왜 살아야 할까. 산 자의 숙명인 것이다. 하지만 그렇다고 체념할 필요는 없다. 그러한 감각은 무의식적으로 느껴지는 조건반사이며, 완벽하지 않아도 어느 정도는 자신의 사고로 수정하거나 보완할 수 있다.

외로움이 나쁜 이유는 죽음을 연상시키기 때문이지, 죽음 그 자체는 아니다. 정체를 알면 별로 두렵지 않다. 우리는 등장인물이 여러 명 죽는 드라마나 영화를 아무렇지도 않게 본다. 무서운 장면이 자주 등장하는 스릴러물도 즐기지 않는가.

물론 픽션의 외로움과 나를 덮친 외로움은 전혀 다르다고 말하는 사람도 있을 것이다. 하지만 지금 당신을 덮친 외로움의 근원은 스스로 머릿속에서 꿈처럼 희미하게 그려낸 죽음의 예감에 불과하다. 그 역시 분명 픽션이다.

'외로움을 달래려면 뭔가를 해야 하는데 노력하기가 귀찮다. 이런 귀찮은 마음도 외로움 때문에 생긴 피해 현상이 아닌가?' 하고 물을지도 모른다. 그러나 외로움이 픽션이라고 단순하게 생각한다면 기분을 전환하는 것에서 끝날 문제다.

이처럼 사람은 모든 문제를 끝까지 파고들어 생각함으로써 자신을 사로잡고 있는 알 수 없는 감정에서 벗어날 수 있다. 생각하면 생각할수록 마음이 편해지고 자유로워진다. 바로 이것이 내가 이 책에서 말하고자 하는 가장 큰 주제다.

동료와 친구를 미화하는 드라마나 소설, 만화가 많은 이유는 창작하기 쉬워서이다. 개인을 구원하는 것이 취미나 철학, 지식이라면 드라마로 그려내기 힘들다. 드라마에는 구세주의 상징으로 인간 캐릭터가 등장해야 한다. 그래야 이야기가 성립된다.

애초에 남을 보며 저 사람은 외로울 거라고
평가하는 것 자체가 잘못되었다.
혼자 있으면 외롭고, 외로운 것은 좋지 않다고
아무 생각 없이 판단한다.

위대한 과학자나 수학자를 떠올려보라. 그들에게 물리학과 수학은 자신을 살아 있게 하는 장소(현실)였다. 거기서 개인적인 사고는 가장 활발하게 움직이며, 보통 사람은 경험하지 못한 큰 즐거움을 맛본다. 이런 상상을 할 수 있는 이유는 나 또한 실제로 연구를 진행하면서 그와 비슷한 즐거움을 맛본 적이 있기 때문이다.

그 장소에 타인은 필요치 않다. 혼자만의 고요함 속에서 느끼는 감동이며, 인간만이 도달할 수 있는 행복이다. 물론 그 안에도 굴곡은 있다. 가라앉아 있을 때는 만사가 허무하다. 하지만 어떤 목표를 달성하거나 지금까지 없었던 새로움을 발견할 때는 기쁨에 들뜬다. 그 기쁨은 친구와 즐겁게 놀 때나 연인과 함께 있을 때의 기쁨과는 비교가 안 될 정도로 크다고 단언할 수 있다.

생각하지 않는 것이 더 쓸쓸하다

'보통 사람들은 왜 이걸 모를까?' 하고 고독감을 느낄 정도로 과학자나 수학자는 그 즐거움을 독점하고 있다. 흔한 일은 아니지만 그런 즐거움을 느낄 때는 정말 인류 전체, 이 세상이 다 아름답게 보인다.

하지만 타인에게 그 즐거움을 알려주기는 힘들다. 학자의 생애를 담은 다큐멘터리를 만든다 해도 가장 중요한 부분은 사람들이 이해하지 못한다면 편집할 것이다. 그보다는 그 학자의 일상과 가족 같은 잡다하고 세세한 주변 상황을 담아내지 않을까. 개중에는 엄청나게 고생하며 연구를 이어간 사람도 있다. 흔히 불굴의 의지가 빚어낸 위업이라고 하는데 전혀 그렇지 않다. 당사자는 작업하는 동안 무척 즐거웠기 때문이다. 다른 모든 것을 포기하고, 때로는 자신의 수명을 단축시키면서까지 추구할 정도로 그 즐거움은 무엇과도 견줄 수 없는 것이기 때문이다.

보통 사람은 이해하기 힘들고 드라마로 구성하기도 어렵다. 하지만 적어도 그런 사람을 보며 "위업은 달성했지만 가족을 희생시켰어." 혹은 "실생활에서는 외로운 사람이었어." 하고 해석하는 것은 분명 옳지 않다. 그런 말로 치부하려는 사람이 많아서 나는 늘 "그건 아닌데." 하며 위화감을 느낀다.

애초에 남을 보며 저 사람은 외로울 거라고 평가하는 것 자체가 잘못되었다. 혼자 있으면 외롭고, 외로운 것은 좋지 않다고 아무 생각 없이 판단한다. 똑같은 가치관으로 해석하자면 그렇게 아무 생각도 하지 않는 것이 인간으로서 더 쓸쓸한 게 아닐까?

내 가치관은 전혀 다르다. 나는 외로움이 좋다. 혼자 있는 곳이 좋고, 되도록 혼자 있는 시간을 길게 갖고 싶다. 가끔 손님이 찾아오면 그 나름대로 기쁘기는 하지만 그건 '가끔'으로 충분하다.

어떤 생각을 할 때는 누구나 혼자이다. 무언가를 떠올리거나 창작하는 작업은 어디까지나 개인 활동이며 고독이 꼭 필요하다. 떠들썩하고 왁자지껄한 상황에서 창작이 전혀 이뤄지지 않는 것은 아니다. 하지만 그런 예외는 혼자 깊이 생각하던 사람이 떠들썩한 곳에서 한숨 돌릴 때 문득 떠오르는 아이디어가 대부분이다.

물론 그렇다고 타인을 무시하라는 뜻은 아니다. 개인의 지능에는 한계가 있다. 타인과 의견을 주고받으며 생겨나는 아이디어도 무척 많다. 하지만 그 대부분은 책을 통해 얻을 수 있는 정보이다. 책을 읽을 때는 역시 조용히 혼자 읽는 편이 좋다.

옛날에는 이런 것들이 당연하게 여겨졌다. 혼자 조용히 보내는 시간이 얼마나 중요한지 모든 문화가 말해주고 있으며, 그런 시간이 분에 넘치도록 귀중하다는 사실을 많은 사람이 인식하고 있었다. 그런데 최근 몇 십 년 동안 정보화 사회가 지속되면

어떤 생각을 할 때는 누구나 혼자이다.
무언가를 떠올리거나 창작하는 작업은
어디까지나 개인 활동이며 고독이 꼭 필요하다.

서 조금 잊힌 듯하다. 요즘은 인터넷을 통해 개인의 시간에 타인이 침범하는 것을 당연하게 여기는 시대이며, 늘 '연결되어 있는' 온라인 상태가 귀중한 고독에서 멀어지게 한다.

허구가
만들어내는
강박관념

       드라마로 만들기 힘들고 감동을 자아내기 어렵다는 점 때문에, 우리는 고독의 소중함을(특히 아이들에게) 전하는 데 오랜 시간 손을 놓고 있었다. 인기 있는 캐릭터를 만들고 아이돌을 캐스팅해서 만들어진 수많은 대중매체는 예외 없이 '이어짐'을 강조한다. 그래야 잘 팔리기 때문이다. 요즘 아이들은 그런 것에만 빠져 있으니 세뇌당할 수밖에 없다.

       '모두 같은 일을 해야 한다', '학교에 가면 친구를 한 명이라도 더 사귀어야 한다', '힘을 모아 함께 이뤄내야 아름답다', '감동은 모두 함께 만드는 것이다……' 이것이 요즘 착한 아이들의 생각이다. 감동을 얻으려고 학습한 대로 행동하는 병아리들처럼 보인다. 자신의 생각과 마음에서 우러나는 진짜 감동을 모른다. 아무도 없는 곳에서 하루 종일 벌레 한 마리를 관찰하다가도 아름다운 감동을 얻을 수 있는데, 그런 체험을 하지 못한다.

이러한 세뇌 학습에서 생겨나는 것이 고독을 두려워하고, 다른 사람과 연결되는 감동에 굶주려하며, 대량 생산된 감동을 사는 착한 소비자다. 기업은 이런 대중을 원하고 있다. 사회는 소비자라는 병아리를 사육해서 이익을 얻고 있다. 한마디로 말하자면 '가축'이다. 그런 사람들은 마치 의식 없이 잠들어 있는 것처럼 보인다.

물론 솔직한 시선으로 바라보면 그렇다는 뜻이다. 하지만 가축은 어떤 의미에서 행복할지도 모르고, 본인이 의식하지 못하면 외롭지도 않다. 딱히 나쁠 것도 없다. 하지만 가축들이 오타쿠를 손가락질하며 "쟤는 참 외롭겠다." 하며 웃는 행동은 잘못이라기보다 교활하게 느껴진다. 어느 쪽이 더 외로운지 따질 문제가 아니라 둘 다 좋을 대로 하면 된다.

이야기가 조금 벗어났는데, 내가 굳이 이런 예를 들어 설명하는 이유는 강하게 말해야만 깨닫는 사람들이 있기 때문이다. 다수는 소수를 부정하지만 소수는 다수를 인정한다. 서로 인정하는 자세가 정상이라 말하고 싶었을 뿐이다.

장사라는 관점에서 보면 외롭다는 것은 '팔리지 않는다'는 뜻이며, 경영에 있어서는 사활이 걸린 문제다. 이것이 장사치가 생사를 구분하는 감각이다. 그래서 되도록 보는 사람이 외로워지지 않게 연출한다.

가령 스포츠 선수가 이기려고 노력하는 것은 지극히 개인적인 활동이자 그 안에 반드시 고독이 있다. 하지만 이겼을 때 인터뷰 하는 장면을 보면 "혼자 열심히 노력한 보람이 있었습니다."라는 말 대신 "응원해주신 여러분 덕분입니다." 하고 말한다. 그런 장면을 본 아이들은 감동받았다는 사람들의 말을 그대로 믿고 '나도 모두에게 주목받고 싶다.'고 생각한다. 그러나 스포츠 선수는 팬이 없으면 업계가 기우니까 홍보 목적으로 그렇게 말하는 것뿐이다. 즉 상업적인 선전 문구이다. 나이가 들면 점점 알게 되는 일도 어릴 때는 모를 수 있다는 점을 잊지 않았으면 좋겠다.

아이에게 던지는 무책임한 사탕발림

"계속 노력하면 언젠가는 이길 거야."

"네 자신을 믿으면 꿈을 이룰 수 있어."

흔히들 하는 말이다. 하지만 아무리 노력해도 이기지 못하는 다수가 반드시 나온다. 자신을 믿어도 꿈은 멀기만 하다. 이것이 현실이다. 하지만 그 말을 있는 그대로 믿었던 사람들은 갈피를 못 잡고 헤맨다. 특히 사람들에게 인정받고 인기 있는 사람이 되고 싶다는 소망을 이루지 못하면 외로움이 더욱 커진다. 고독하다고 느낀다. 그럼 문제는 어디에 있을까?

"나한테는 맞지 않았어", "재능이 없었어." 하고 방향을 수정하는 사람은 오히려 다행이다. 하지만 "네 자신을 믿어." 라는 말에 세뇌당한 순진한 아이들은 쉽게 포기하지 못한다. 믿으면 믿을수록 궁지에 몰린다.

나는 아이들에게 더 솔직하게 현실을 가르쳐야 한다고 생각한다. 정직하게 이론을 가르치면 된다. 그러지 못하는 이유는 '꿈을 안겨주고 싶다.'는 장사치의 선전 문구를 떨쳐버리지 못하기 때문이다. 장삿속이 나쁘다는 이야기를 하려는 것이 아니다. 다만 "저건 꾸며낸 대사야." 하고 아이들에게 알려줄 필요가 있다는 얘기다. 어떤 아이는 스스로 깨달을 수도 있지만 진심으로 믿는 아이들도 많다. 그 문구에 의지하는 아이도 있을 것이다. 그래서 위험하다.

지금은 장사나 경제활동을 하는 사람들이 외로움을 가장 심하게 날조하고 있다. 게다가 매스컴까지 날마다 그런 말을 내보내고 있다. 장사니까 어쩔 수 없는 부분도 있다. 장사는 돈을 버는 것이 목적이라 효율이 좋은 것을 고르고 이미지를 포장하기 위해 선전한다. 하지만 그런 환경에서 자란 아이들에게는 그것은 선전이라고 제대로 가르쳐야 한다. 이것은 아이들 주변의 어른들이 해야 할 몫이다. 부모라면 자기 아이를 지킬 의무가 있다. 나는 내 아이들에게 확실하게 가르쳤다. 그리고 알아듣기 전까지 TV를 보여주지 않았다.

그렇게 세뇌당한 결과 망상적인 고독이 개인의 머릿속에 생겨난다. 어쩌면 집단 따돌림의 뿌리도 똑같지 않을까. 구체적인 데이터를 가지고 있지 않아서 단언할 수는 없지만 메커니즘을 따져봤을 때 집단 따돌림 또한 비슷한 조건에서 일어났을 거라고 쉽게 연상이 된다.

남을 괴롭히는 심리에는 괴롭히는 쪽의 '인연'이라는 요소가 있다. 괴롭히는 집단은 누군가를 희생양으로 삼으면서 결속을 다진다. 또한 다른 다수에게도 '괴롭히는 아이'로 인정받기 때문에 그 반응이 보람으로 돌아온다. 괴롭힘을 당하는 사람이 처음에 느낀 미세한 조짐을 무척 심각하게 받아들이거나 부끄러워서 감추려는 심리도, 어릴 때부터 세뇌당한 우정과 동료라는 미화된 허구에서 비롯된다. 괴롭히는 동기 또한 미화된 허구에 대한 반발이 밑바탕에 깔려 있다.

젊은이에게 던지는 무책임한 위로

나이가 들어 막 사회생활을 시작한 신입이나 젊은이들에게서도 같은 경향을 엿볼 수 있다. 얼마 전에 '일'에 관한 책을 쓸 기회가 있었는데, 한마디로 '일에서 보람을 찾고 즐거운 직장에서 일하는 것이 참다운 인생이라는 말은 허구다.'라는 내용이었다. 하지만 그 말을 곧이곧대로 받아들여서 현실과의 괴리 때문에 괴로워하는 사람들이 늘고 있다. 막상 일을 해보니 힘들기만 하고 재미도 없고, 보람 있는 일은 주어지지 않는다고 고민한다. 그 책에서는 일반 독자들에게 일에 대한 고민 상담을 받았는데, '회사에서 시시한 일만 준다.'는 고민이 특히 많았다. 이 또한 일을 미화한 선전 탓에 얼마나 많은 사람이 오해하고 있는지 보여주는 증거가 아닐까.

나는 그 책에서 일은 원래 힘들고, 힘드니까 월급을 받는 것이라고 지극히 당연한 말을 썼다. 하지만 "그렇게 생각하면 되는군요. 정신이 번쩍 들었어요", "마음이 편해졌어요. 일을 계속할 수 있을 것 같아요."라고 말하는 독자가 많았다.

당연한 것이 당연하지 않은 세상이 된 듯하다. 그만큼 상업적으로 선전하기 위해 만들어진 허구가 지금은 대중의 상식이 되었다. 물론 그로 인해 힘을 내서 열심히 일하는 사람이라면 아무 문제가 없다. 하지만 큰 기대를 품고 사회에 나간 사람은 역시 고민하게 된다. 개중에는 직장에서 나만 고립되어 있다고 생각하며 고독감에 몸부림치는 사람도 있다.

일부 젊은이들은 사람들을 만나지 않고 혼자 방에 틀어박혀서 하는 작업은 외롭고 재미없다고 생각한다. 손님의 웃는 모습을 보고 내 일을 제대로 평가받는 것에서 일하는 보람을 느낀다. 일 또한 동료나 친구처럼 여러 픽션에서 지나치게 미화되고 있다. 그래서 일에 어떤 환상을 품고 있는 젊은이들이 많다.

혹시나 해서 당부하는데, 친구가 많아서 신 난다거나 동료와 즐겁게 일하는 것이 모두 허구라는 뜻은 아니다. 정말 그렇게 느낀다면 진정으로 행복한 인생이다. 단순히 운이 좋아서가 아니라 본인에게 인덕이나 매력이 있는 것일 게다.

하지만 그렇지 않다고 해서 그런 사람을 질투할 필요는 없다. 인생에는 그 길만 있는 것이 아니며 사람마다 살길은 반드시 있다. 혼자서 조용히 바지런하게 일하고 싶다는 사람도 있다. 그런 사람은 혼자 일하는 상황을 외롭다고 느끼지 않는다. 오히려 외로운 사람이라며 손가락질하는 행동이 잘못되었다는 뜻이다.

혼자 있으면 외롭고 그것이 외로움의 정의라 한다면, 외로움을 좋아하는 사람도 있다. 외로움은 나쁘지 않다. 외롭다고 해서 처벌하는 법도 없다. 너무 당연한 이야기지만 많은 사람들이 그 사실을 잊고 있는 듯하다.

감정을 겉으로 드러내는 데
익숙해지고 그것이 일상이 되면
필요 이상으로 외로움을 느끼게 된다.

고독하면
안 되는
이유는 없다

이번 장에서는 '왜 외로우면 안 되는가'에 관해 얘기해봤는데 결론은 간단하다. 외로우면 안 되는 이유는 없다. 외로움을 느끼는 것은 전혀 나쁜 게 아니다. 나쁘기는커녕 사람에 따라서는 좋은 상황, 꼭 필요한 상황이다.

나는 인간에게 외로움이나 고독이 더할 나위 없이 좋은 경험이라고 생각한다. 젊어서 고생은 사서도 하니까 '고독도 한 번쯤 경험해보는 게 좋다.'는 뜻이 아니다. 외로움이나 고독은 스스로 기꺼이 추구해도 좋을 정도로 가치가 있다. 이 점에 대해서는 다음 장에서 계속 이어가도록 하겠다.

사족일지 모르지만 덧붙이고 싶은 말이 있다.

내가 어린 시절에는 아이가 기뻐서 방방 뛰면 혼났다. 당연히 울어도 혼났다. 가만히 있으라는 말을 자주 들었다. 부모님이 그런 방식으로 나를 훈육하셨기 때문에 나도 내 아이들에게 똑같이 가르쳤다. 기뻐도 뛰지 마라, 슬퍼도 울지 마라, 그래야 품격 있는 사람이라 여겼고 지금도 그렇게 생각하고 있다.

하지만 요즘에는 이런 생각이 보편적이지 않은 듯하다. TV에 등장하는 사람들은 금방 들뜨고 금방 운다. 어느새 그런 행동이 자연스럽다는 인식이 널리 퍼졌다. 그 자체는 별로 나쁘지 않다.

옛날에는 남자가 10대 후반에 접어들면 사람들 앞에서 울면 안 된다는 인식이 있었는데 아마도 요즘 젊은이들에게는 생소할 것이다. 스포츠 경기에서 졌을 때도 선수가 눈물을 보여야 호감을 느끼는 사람이 더 많지 않은가. 하지만 내 생각은 다르다. 우리는 동물이 아니라 인간이기에 감정을 제어할 줄 알아야 더 아름답다. 하지만 이렇게 감정을 겉으로 표현하는 행동이 당연해진 것 역시 감동을 미끼로 내세운 대중매체의 영향이라고 생각한다.

'감정을 솔직하게 드러낸다', '오버해서 행동한다', '외로움을 필요 이상으로 강조한다…….' 이것이 최근 대중문화의 경향이다. 그래서 "너, 외롭지?"라는 한마디에 충격을 받는 아이들이 있다. 너무 과민한 것 아닐까?

같은 맥락에서 애니메이션 캐릭터가 말하는 방식 또한 너무 부자연스럽게 느껴진다. 대개 성우들은 대사에 지나치게 감정을 담는 경향이 있다. 애니메이션은 미묘한 표정을 그려낼 수 없기 때문에 목소리로 보완하는 것이다. 과장된 목소리로 성우가 할리우드 영화를 더빙하면 미국 사람들은 원래 그런가 보다 하고 여기기 때문에 별로 부자연스럽지 않다. 하지만 영화에 일본인이 등장했을 때 똑같이 더빙하면 왠지 어색하게 느껴진다. 보통 사람의 목소리나 말하는 방식은 더 무미건조하다. 오히려 '좀 모자라야' 현실성이 있다.

하지만 감정을 겉으로 드러내는 데 익숙해지고 그것이 일상이 되면 필요 이상으로 외로움을 느끼게 된다. 물론 애니메이션이나 성우가 잘못되었다는 뜻은 아니다. 다만 애니메이션 업계에도 비슷한 현상이 벌어지고 있기 때문에 쉬운 예로 언급한 것이다. 가장 중요한 것은 허구와 현실을 제대로 파악하는 자세가 아닐까 싶다.

생각하는 행위가
고통스럽다고 느끼는 사람에게
외로움은 부정적인 감정일지도 모른다.
외로움의 긍정적인 면을
활용하지 못하기 때문이다.

3장

우리에게는
고독이 필요하다

혼자라도
무엇이든
할 수 있다

인간에게 고독은 정말 중요하고 가치 있는 상태이다. 그런데 왜 사람들은 고독을 기피하는 걸까?

고독과 반대되는 것을 꼽으라면 서로 협력하는 사람들의 모습을 쉽게 떠올린다. 이처럼 여럿이 힘을 합치는 행동는 무조건 미화되고 있다. 스포츠 경기에서도 팀플레이가 중시된다. 팀은 물론이고 관중석에 앉아 있는 팬들까지 끌어들여 '함께 싸우고 있다는 느낌'을 연출한다. 그야 당연하다. 싸울 때는 내 편이 필요한 법이니까. 싸울 때는 여럿이 모여 있는 그룹이 유리하고, 거기 모인 다수는 일치단결해야 한다. 그래서 머릿수를 채우고 협력을 강요하는 것이다.

사람마다 장단점이 있어서 서로 부족한 부분을 채워 가며 살아간다. 그래야 사회가 잘 운영되도록 형성되어 있다. 스스로 뭐든 다 할 수 없으며 혼자서는 살기 힘들다. 그런 사회 구조를 부정할 생각은 없다. 하지만 고독은 그렇게 협조하며 살아가는 사회를 거부하는 것이 아니다. 타인과의 공존을 부정하려는 의도에서 고독해지는 것이 아니라는 뜻이다. 고독할지라도 타인이나 사회를 위해 공헌할 수 있다. 또한 고독할지라도 사회로부터 혜택을 받을 수 있다. 옛날에는 그러기가 쉽지 않았다. 가령 원시 시대에는 집단의 일원이 되지 않으면 살아남기 힘들었다. 하지만 지금은 그렇지 않다.

썩 좋은 예는 아니지만 지금 내 생활에 대해 잠깐 말하고자 한다. 나는 벌써 2년 반 동안 대중교통을 한 번도 타지 않았다. 거의 사람을 만나지도 않고 도회지에 나갈 기회도 없기 때문이다. 날마다 거의 모든 시간을 혼자 보낸다. 가족과 함께 살고는 있지만 식사할 때와 강아지를 데리고 산책을 나갈 때 말고는 거의 마주칠 일이 없다. 외출할 때는 자가용을 이용한다. 그래서 내 행동 범위는 기껏해야 반경 수백 킬로미터에 불과하다. 일 때문에 사람을 만나는 일도 거의 없다. 다 이메일로 처리한다. 필요한 물건은 95% 인터넷으로 구입하기 때문에 날마다 택배가 몇 개씩 도착한다. 전화가 울려도 받지 않고(거의 장난전화이므로), 편지도 오지 않는다(주소를 아는 사람이 없다). 그래도 일 년에 몇 번은 멀리서 친구가 찾아온다. 그럴 때는 즐겁게 시간을 보낸다. 가끔 찾아오는 손님들까지 거북스러워하지는 않는다.

혼자서는 주로 마당에서 공사를 하거나 차고에서 뭔가를 만들고, 서재에서 책을 읽는다. 그래서 일요일도 없고 명절도 없다. 날마다 똑같다. 외박이나 외식도 하지 않고 밤을 새우지도 않는다. 매일 같은 시간에 대개 같은 일을 하고 있다. 변화는 거의 없다.

이렇게 변함없는 시간을 보내는데 왜 이 생활이 질리지 않는 걸까?

그 시간이 '창조적'이며 활기 넘치기 때문이다. 날마다 새로운 일이 계속되어서 정말 즐겁다. 나는 쉽게 질리는 성격이어서 조금이라도 시시하면 금방 관둔다. 집이나 작업실도 질리면 바로 이사하곤 했다. 그래서 어떻게든 질리지 않도록 늘 신선한 것을 찾는 습관이 몸에 배었다. 그 결과가 지금의 생활이다.

보통 사람이 보기에 내 생활은 고독 그 자체일 수 있다. 나도 이 생활이 고독한 것일지도 모른다는 생각이 든다. 한 집에 가족과 살고 있기 때문에 적어도 '고립'은 아니다. 물론 이 고요함을 스스로 원했고, 좋아서 이렇게 살고 있다. 늘 추구하고 찾아 헤매던 결과가 지금의 환경이다. 그래서 전혀 외롭지는 않지만 굳이 말하자면 '이렇게 멋진 고독이 또 있을까? 부디 이 아름다운 고독이 계속되기를……' 하고 바랄 뿐이다.

하지만 나는 인간관계를 거부하지 않았고 사회와의 관계도 끊지 않았다. 이렇게 책을 쓰면 수만 명의 독자가 이 책을 읽지 않는가. 나도 내 나름대로 남을 위해 할 수 있는 일에 힘쓰고 있다고 생각한다. 지금은 반쯤 은퇴한 상태이지만 아직 돈을 벌고 세금도 낸다. 책이 팔린다는 것은 그만큼 읽을 만한 가치가 있다고 많은 사람에게 인정받고 있다는 뜻이며, 미약하나마 사회에 공헌하고 있다고 말할 수 있지 않을까?

또 지금도 몇 가지 주제로 연구를 진행하고 있다. 지극히 개인적인 작업이지만 정보를 얻어야만 진전되는 경우도 많다. 그럴 때는 인터넷을 검색하거나 멀리 사는 연구자와 커뮤니케이션을 한다. 모 위원회에 소속되어 있어서 온라인 회의에 참석하기도 한다. 생각해보면 취미도 마찬가지다. 각자 개인적으로 활동하면서도 가끔 성과를 보고하거나 서로 평가하고 자극을 받는다. 취미는 자기만족을 얻는 데서 그쳐도 괜찮지만 과학 분야는 그렇지 않다. 다른 사람이 이해하고 재현하지 못하면 '기술'

이라 할 수 없다. 그래서 작업은 고독할지라도 성과를 평가하려면 폭넓게 커뮤니케이션을 해야 한다. 누군가와 만나 즐겁게 이야기를 나누는 일과는 엄연히 다르지만, 나에게는 이것이 '사회와의 협조'이다.

고독을 두려워하는 사람들

현대 사회에서는 고독해도 살아갈 수 있다. 현대 사회가 개인주의를 허용하는 구조로 성립되어 있기 때문이다. 옛날 농촌 사회에서는 허용되지 않았을지도 모른다. 하지만 지금은 그만큼 자유로워졌다. 인터넷 보급이 큰 영향을 끼쳤고 사람들의 인식도 많이 바뀌었다. 그런 의미에서 이제 고독은 '자유'의 상징이기도 하다.

많은 사람에게 둘러싸여 살고 싶은 사람은 물론 그렇게 하면 된다. 그리고 혼자 조용히 살고 싶은 사람도 이제 그렇게 살면 된다. 양자는 공존할 수 있다. 하지만 아직도 낡은 사고방식이 곳곳에 남아 있어서 무리를 벗어나려는 개인에게 비난어린 눈초리를 보내는 사람들이 있다. 자신과 다른 가치관을 가지고 있다는 사실이 맘에 들지 않는 것이다. 애초에 무리를 짓고자 하는 본능이 그렇게 느끼도록 만든다. 옛날보다는 그냥 보아 넘기는 사람이 많아졌지만 그래도 내심 불쾌하다고 느낀다. 어떤 흉악한 범죄가 일어날 때마다 '범인은 히키코모리(사회생활에 적응하지 못하고 집 안에만 틀어박혀 사는 병적인 사람을 일컫는 말)였다, 고독한 사람이었다, 오타쿠였다, 인터넷에 빠져 살았다.'는 식으로 보도하는 것이 그 증거다. '범인은 회사원이었다, 친구가 많았다, 가족이 있었다.'는 말과는 전혀 느낌이 다르다. 왜 그럴까?

마치 고독을 견디다 못해 범죄를 저질렀다고 사람들이 생각하게끔 암묵적으로 강요하고 있다. 보도를 통해 세뇌하고 있는 것이다. 하지만 고독하지 않았던 범죄자도 얼마든지 있으며, 설령 고독했다 해도 자기가 바라서 그렇게 되었을 수도 있다. 어떤 시선이 더 솔직할까?

'사회에 대한 복수'라는 말이 있다. 자신의 환경을 원망해서 사회에 복수하는 범죄 동기를 이르는 말인데, 그렇게 이상한 이유를 갖다 붙이지 않아도 그냥 종로에서 뺨 맞고 한강에서 눈 흘긴 것 아닐까. '아무나 상관없었다', '관련 없는 사람에게'라는 말로 대표되듯, 그것은 본래 대상이 아닌 사람에게 화풀이하는 행동을 뜻한다. 개별적인 원망을 무차별한 대상에게 퍼붓는 이유는, 진짜 대상을 모르거나 혹은 진짜 대상은 공격하기 어려워서 쉬운 대상을 고른 데 불과하다. 또한 관련이 없어도 소동이 커지면 결과적으로 자신이 원망하던 진짜 대상에게 분노가 전해지리라는 계산도 깔려 있다. 이는 명백히 인정받고자 하는 욕구에서 비롯된 행동이므로 응석이나 다름없다. 이렇게 응석으로 인한 범죄는 고독을 사랑하는 사람이 아니라 두려워하는 사람이 일으키며, 다수가 가지고 있는 상식적인 가치관에 기초한다는 사실을 깨달았으면 좋겠다.

"고독을 견딜 수 없었다."는 말을 꺼내면 '고독은 악'이라고 선전하게 된다. 그런 선전이 오히려 범죄자를 양산하는 구도를 만들어낸다.

고독을
두려워하는 사람,
사랑하는 사람

사람은 모두 제각각이다. 다른 가치관을 가진 사람을 인정하지 않는 태도는 '차별'이며, 요즘 시대에는 명백히 악이나. 그런 악이 커지면 전쟁이나 테러가 된다. 테러를 일으키는 목적은 자신들의 존재를 인정하게 만드는 데 있다. 그래서 인정하지 않는 대상을 공격한다.

만약 전 세계인들이 각자 자신의 취미에 시간을 쏟으며 한적하게 살아갈 수 있다면 아마도 전쟁은 사라질 것이다. 그러기 위해서는 우선 빈곤을 없애야 한다. 그리고 모든 사람이 텟짱(철도 사진을 찍거나 철도와 관련된 취미를 갖고 있는 사람들을 이르는 일본 신조어)이 되어 무엇보다 철도 사진을 찍는 데 인생의 가치가 있다고 여긴다면 전쟁 따위는 나중 문제가 될 것이다. 정말 흥미롭지 않은가? 외교 문제보다 철도 촬영을 중시하는 가치관이 어쩌면 인류에게 '옳은 방향'이 될지도 모른다는 점을 시사하고 있기 때문이다(혹시나 해서 말해두는데 텟짱이 아니라 곤충 채집 마니아라도 좋다. 나는 철도 사진 찍기나 곤충 채집에는 흥미가 없어서 그런 행동을 전혀 이해할 수 없다. 하지만 그런 사람들을 배제하지 않겠다는 신념은 있다).

소수도 살아갈 수 있는 사회

그림을 그리는 데 보람을 느끼며 살아가는 예술가에게는 자기 주변에서 큰 소동이 일어나지 않는 것이 중요한 조건이 된다. 바깥세상이야 어찌 돌아가든 상관없지만 나에게 해가 되면 곤란하다. 마음 놓고 그림을 그리는 것이 가장 큰 소망이다. 이런 사람은 옆집에 누가 사는지, 어떤 생각을 갖고 있는지는 관심 밖이다. 그 사람이 나한테 피해만 주지 않으면 된다. 또한 동네 사람들이 자신을 싫어하거나 따돌려도 전혀 신경 쓰지 않는다. 그저 돈을 내고 물건을 살 수 있으면 그만이다. 택배가 오고 버스를 탈 수 있으면 충분하다. 사람들이 어떤 시선으로 쳐다보는지는 그림을 그리는 데 아무 상관이 없다. 개인의 공간, 화실 안에서 편안한 정적을 유지할 수 있다면 그걸로 충분하다.

예술은 태생이 그런 것이었다. 그러나 지금, 예술은 일이 되었다. 언제부터였는지 정확한 역사는 모르지만, 옛날에는 일부 왕족이나 귀족들만이 예술을 소비했다. 하지만 지금은 대중을 대상으로 하기 때문에 사람들이 꺼려하면 그림이 팔리지 않는다. 그러면 예술가의 경제 사정은 어려워지고 더 나아가 그림을 그리며 살아가는 생활에까지 지장이 생긴다. 고독주의로 돌파하기에는 한계가 있다. 이것이 사회와의 관계이다.

하기야 수십 억 인구 중 단 몇 사람, 만 명 중에 한 사람이라도 예술가의 작품을 이해해준다면 먹고살 수 있을지도 모른다 (실제로 소설가는 만 명 중에 한 사람이 좋아하면 인기 작가로 불린다). 따라서 동네 사람들이 그 예술가를 인정하지 않아도 세상 어딘가에 그를 인정하는 사람이 몇 명만 있으면 생활이 가능하다. 그 지역에서는 고독하겠지만 살아갈 수 있다. 왜냐하면 이 사회는 인권이 법률로 보장되어 있고, 특정한 사람에게 물건을 팔지 않거나 버스에 타지 못하도록 차별해서는 안 된다는 규율이 있기 때문이다. 즉 어떤 계기로 주변 사람들에게 미움을 받게 되더라도 폭력을 당하거나 생계 수단을 빼앗기는 일은 없다. 다소 상식에서 벗어난 사람일지라도 지장 없이 살아갈 수 있는 사회가 되었다.

고독의 특별한 효과

그림을 그리는 사람 입장에서는 고독한 환경이 조용하게 자신의 세계에 몰두하는 훌륭한 조건일 때가 많다. 억지로 술자리에 참석하지 않아도 된다. 관심 없는 축제 준비를 돕거나 시시한 세상 이야기에 동참하느라 시간을 낭비할 필요도 없다.

게다가 더 특별한 효과도 있다. 물론 주변 사람들이 나를 멀리하는 상황은 달갑지 않고, 약간 불만스럽거나 화가 날지도 모른다. 하지만 그런 불만은 '헝그리 정신'이 되어 예술 활동에 원동력이 되기도 한다. 예술가 친구들에게서 그런 이야기를 자주 들었다. 그들은 "감히 나를 무시해? 두고 보라지!" 하는 마음을 품고 있다.

굳이 말하자면 헝그리 정신은 고독을 사랑하는 소수가 아니라 고독을 두려워하는 다수에 속하는 사람들이 느끼는 감정이다. 진정으로 고독을 즐기는 사람은 애당초 많은 사람에게 인정받고자 하는 마음이 약하다. 자신이 수긍할 수 있는 작품을

진정으로 고독을 즐기는 사람은
애당초 많은 사람에게
인정받고자 하는 마음이 약하다.
자신이 수긍할 수 있는 작품을
만들고 싶다는 동기가 훨씬 강하다.

만들고 싶다는 동기가 훨씬 강하다.

고독을 두려워하는가, 사랑하는가

고독을 두려워하는 사람과 사랑하는 사람, 이 둘 중에 당신은 어느 쪽에 가까운가?

내가 관찰한 바로는 한 사람에게 이 두 가지 경향이 모두 있다. 비율도 정해져 있지 않다. 계기판 바늘처럼 움직인다. 어느 한쪽으로 크게 기우는 일도 별로 없다. 다만 굳이 어느 쪽에 더 가까운지를 따진다면 고독을 두려워하는 쪽이 아마 압도적으로 많을 것이다. 하지만 아주 가벼운 고독은 사랑할 수 있다는 사람까지 포함하면, 절반 이상의 사람들이 고독을 사랑하는 소양을 갖고 있다고 볼 수 있다.

만약 인간이 매사를 깊이 생각하지 않는 동물이었다면 원숭이처럼 무리를 짓는 사회가 되었을 것이다. 협력이 절대적이고 집단끼리 영역 싸움을 해서 이긴 쪽은 지배하고, 진 쪽은 도망치거나 이긴 쪽을 따라야 한다. 이런 사회에서는 모두 함께 노는 축제는 있어도 개인의 창작과 예술에 의한 문화는 발생하기 어렵다. 과학과 기술 또한 발전하기 어려울 것이다.

문화가 개인의 활동, 즉 창작에 기본을 두고 있듯이 과학과 기술 또한 개인의 발상으로 인해 발전하는 경우가 많다. 거의 개인의 발상에 의존하고 있다고 해도 과언이 아니다. 이 점은 역사를 살펴보면 금방 알 수 있다.

모든 것은
한 사람의 고독에서
생겨난다

무언가를 떠올리는 행위는 개인의 두뇌가 하는 것이지 힘을 합친다고 되는 일이 아니다. 많은 사람이 머리를 써서 누군가가 떠올리고 그 발상이 모두에게 도움이 될 뿐이다. 가령 무거운 물건이 있으면 혼자서는 들지 못하지만 둘이 힘을 합치면 들 수도 있다. 하지만 아이디어를 떠올릴 때는 한 사람이 떠올린다. 사람이 많으면 누군가가 아이디어를 떠올릴 확률이 높아질 수 있지만, 둘이 있어야만 가능하고 혼자서는 못하는 일은 아니다. 오히려 생각할 때는 오롯이 혼자 있는 편이 낫다. 조용한 장소에서 자신의 두뇌만을 이용해 집중한다. 최초의 발상은 그런 고독 속에서 생겨난다.

거대한 건축물은 많은 사람이 힘을 합쳐서 작업해야만 지어 올릴 수 있다. 하지만 어떤 건물을 지을지 설계하는 것은 오직 한 사람이다. 그 건축가가 발상을 하고 거의 형태를 정해서 나아갈 방향을 모두 결정한다. 그다음에는 여러 기술자가 모여 도면을 만든다. 그리고 기술자를 더 늘려서 세부적인 조율을 한다. 나머지는 완성된 도면에 따라 수많은 사람이 작업을 한다. 처음부터 많은 사람이 얽혀 있으면 뒤죽박죽이 되거나, 어딘가에 모순되고 불합리한 상황이 발생한다. 사공이 많으면 배가 산으로 올라가기 때문이다.

생각해보라. 어떤 작품이든 작가는 보통 한 사람이다. 공동 작품이라는 예외도 있지만 이는 역할 분담이 잘 이루어진 결과일 뿐이다. 공동 작품 또한 어느 한 사람의 발상에서 출발하고, 그 사람에게 주도권이 있다. 회사 사장이나 나라의 수장은 한 사람이다. 대개 '장(長)'이라는 명칭이 붙는 사람은 한 사람으로 정해져 있다. 일을 처리할 때는 다수가 의논해서 결정하는 것이 기본이지만 역시 리더는 한 사람이다. 혼자가 아니면 결단을 내리지 못하는 경우가 생기기 때문이다.

애초에 다수결로 모든 일을 결정할 수 있었다면 리더는 필요 없지 않을까? 리더는 단순히 상징으로 존재하는 대표가 아니라 확실한 권한을 갖고 있는 자리다. 그 자리에 오르면 동료는 없다. 고독할지도 모른다. 그런 자리에 올라본 적이 없기 때문에 비록 상상이긴 하지만 말이다.

고독이 생산하는 것

고독이 생산하는 것은 의외로 많다. 그리고 그 개인 활동은 거의 머리를 쓴다. 몸을 쓰는 일은 혼자가 아니어도 할 수 있다.

프로 만화가 친구에게 만화를 그리는 과정을 물어봤더니, 처음에는 줄거리를 정하고 컷(또는 네임, 콘티)을 나눈다고 한다. 이것이 가장 힘든 작업인데, 건축으로 말하자면 디자인이자 설계도를 그리는 과정이다. 이때 만화가는 혼자 방에 틀어박혀서 작업을 한다. 그리고 줄거리와 컷이 완성되면 실제로 그림을 그리는 작업에 들어간다. 이 단계에서는 여러 명의 어시스턴트(보조)들이 함께 작품을 완성해나간다. 그리고 완성된 작품에는 만화가 한 사람의 이름만 올라간다.

아쉽지만 소설에는 여럿이 모여 즐겁게 작품을 만드는 과정이 없다. 처음부터 끝까지 혼자다. 만화처럼 컷을 구성하고 나머지는 어시스턴트에게 맡길 수도 있지만, 그러기가 사실상 힘든 이유는 문장을 직접 써야만 줄거리를 떠올릴 수 있고, 섬세한 문장 표현이나 등장인물의 대사 같은 디테일에도 작가의 개성이 묻어나기 때문이다.

물론 만화에도 작가 특유의 디테일이 담겨 있기 때문에 처음부터 끝까지 혼자 그리는 작가도 있다. 하지만 보통 그렇게 하지 않는 이유는 배경이나, 지정된 범위를 검게 칠하는 등 누가 해도 비교적 차이가 없는 작업이 있기 때문이다. 무엇보다 여럿이 완성해야 효율이 높고 연재 일정을 맞출 수 있다는 사정도 있을 것이다. 또 만화가는 소설가에 비해 젊은 나이에 데뷔하는 사람이 많아 보통 컷 구성 단계에서 편집부가 관여한다고 한다. 소설은 원고가 완성된 후에 교정 단계에서 편집부가 관여하는데 워드 프로그램을 이용한 글자 수정이 쉽기 때문일 것이다.

이렇게 혼자 하는 작업이 얼마나 중요한지 여러 가지 예를 통해 살펴보았다. 굳이 소설과 만화, 건축 이야기를 한 이유는 그 방면에 지인이 많아서이지만, 어떤 일이든(특히 창조적인 작업이라면) 공통되는 부분이 많을 거라 생각한다.

누구나
보여주고 싶지 않은
부분이 있다

아이는 학교에 가면 단체 활동을 강요받는다. 물론 사회에서 살아가려면 주위 사람들과 조화를 이루도록 행동하고, 남에게 피해를 주지 않도록 주의해야 하기 때문에 집단 생활은 중요한 교육이다. 하지만 학문을 굳이 집단으로 교육할 필요는 없다. 원래 무언가를 배우거나 연습하는 일은 개인적인 활동이다. 체육이나 음악은 여러 명이 모여야 가능한 경우도 있지만 다른 과목은 기본적으로 혼자 공부한다. 집단 안에 있으면 다른 사람이 어떤 생각을 하는지, 얼마나 유능한지 배울 수 있을 뿐이다('뿐이다'라고 했지만 무척 중요한 깨달음이다).

내가 초등학교 때는 둘이서 한 책상을 썼다. 기다란 책상에 둘이 의자를 놓고 앉았다. 그러다 중학교에 올라갔는데 한 사람씩 책상을 써서 깜짝 놀랐다. 지금은 초등학교에서도 혼자 책상을 쓰는 경우가 많다고 한다. 역시 공부는 기본적으로 혼자 하는 것이다. 학교에 다수가 모이는 주된 이유는 '효율' 때문이다. 선생님과 학생이 1대 1로 수업을 한다면 선생님이 너무 많이 필요하다. 그래서 학교라는 구조가 생겼다. 예로부터 학교의 뿌리는 서양에서는 군대였고 집단생활을 가르치는 장소였다. 그것이 학문을 닦는 장소에 그대로 적용되었다.

만약 선생님이 많다면 과외 선생님처럼 학생 집에 방문해서 가르칠 수 있다. 또는 인터넷이나 컴퓨터를 이용해서 집에서 수업을 들을 수도 있다. 그러면 학교라는 건물이나 토지도 필요 없고 따돌림도 일어나지 않으며, 학생 개인의 능력에 맞춘 섬세한 교육이 가능해진다. 에너지도 큰 폭으로 절약할 수 있고 무엇보다 안전하다. 다만 집단을 체험할 기회를 제공하지 못하기 때문에 "그렇게 외로운 건 학교가 아니야." 하고 반발하는 사람도 있을 것이다.

사실 나는 전혀 그렇게 생각하지 않는다. 앞으로는 교육뿐 아니라 사회 전체가 그렇게 될 것이다. 회사 또한 굳이 출근할 필요가 없어지지 않을까? 그렇게 생각하면 집단을 가르칠 필요

성은 지금보다 훨씬 떨어진다. 다만 그렇게 되기까지는 앞으로도 꽤 오랜 시간이 걸릴 듯하다.

학교가 정말 재미있을까

대부분의 부모들은 아이가 집단에 잘 적응하기를 바란다. 그것이 아이가 성장한 후에 사회생활을 하는 데 꼭 필요한 소양임을 알고 있기 때문이다. 아이가 친구 이야기를 하면 부모는 기뻐한다. 친구와 사이좋게 노는 모습을 보면 안심한다. 반대로 아이가 집단에서 고립되어 있지 않은지 걱정하고, 학교가 재미없다고 하면 큰 충격을 받는다.

요즘 아이들은 부모가 걱정하지 않도록 "학교 재밌어", "친구가 생겼어." 하고 말할지도 모른다. 그 나이가 되면 부모를 기쁘게 하는 일이 착한 아이의 역할임을 알고 있기 때문이다. 약간의 각색은 쉽게 할 수 있다. 거짓말도 할 수 있다. 거짓말을 해서라도 부모를 기쁘게 하고 싶은 것이다.

생각해보라. 과연 학교가 그렇게 재미있는 곳일까? 친구가 생겼다는 것은 어떤 상황을 뜻할까? 1학년 때는 다 새로울 테니 재미있는 일이 많을 수도 있다. 하지만 학년이 올라가면 공부를 잘하는 아이와 따라가지 못하는 아이 사이에 차이가 생긴다. 시험을 보면 점수를 받게 된다. 노는 것을 참아서라도 해야만 하는 숙제가 있다. 잘못을 해서 다른 아이들 앞에서 창피를 당하거나 혼나기도 한다. 운동을 못하는 아이는 체육 시간이 싫을 것이다. 못하는 과목일지라도 그 시간을 견뎌야 한다. 그 자리에서 도망가지 못하도록 자유를 구속당하고 있기 때문이다.

분명 학교는 재미있는 곳이라 배웠는데 별로 재미없다는 사실을 아이도 점점 깨닫게 된다. 어른들이 거짓말하고 있다고 생각하는 아이는 그나마 다행이다. 대부분의 아이는 '내가 나쁘다', '나에게 문제가 있어서 학교가 재미없다.'고 느낄 수도 있다.

선생님은 아이들이 즐겁게 공부할 방법을 궁리한다. TV 학습 프로그램에서는 공부를 재미있게 연출해서 아이가 흥미를 갖도록 유도한다. '즐거운 계산', '재미있는 과학'이라는 이름으로 포장해서 접근한다. 하지만 어떻게 해도 재미없는 것은 재미없다.

"사실 공부는 힘들지만 참고 해야만 해. 그러면 나중에 분명 좋은 일이 있을 거야."라고 가르치지는 않는다. 여기에는 '즐겁지 않은 것'을 극도로 두려워하는 정신이 있다. 고독과 똑같다. 고독 때문에 괴로워하듯 많은 아이가 학교에 가기를 거부할지도 모른다. "나는 도저히 즐길 수 없다."는 뜻을 담은 정직한 반응이다. 왜 사탕발림으로 현실을 무마하려 하는가. 어른들은 다시 생각해야 한다. 그리고 조금 더 솔직해져야 한다.

밝은 가정이라는 환상

요즘은 가정에서도 아이를 고독하게 만들지 않으려고 부모가 지나치게 간섭한다. 그런 부모들은 '밝은 가정'이라는 말에 환상을 품고 있다. 부모와 자식 간에는 무슨 일이든 털어놓을 수 있어야 최고라고 믿는다. 그리고 그런 가치관을 아이에게 강요한다.

사람은 모두 제각각이다. 부모와 자식이라도 성격이 다를 수 있다. 자라온 환경과 시대도 다르다. 어떤 아이는 부모가 강요하는 '밝음'에 따라가지 못하기도 한다. 어두운 것은 나쁘다고 무조건 혼부터 내기 때문이다.

나는 어두운 사람을 꽤 좋아한다. 오히려 밝은 사람한테 거부감을 느낄 때가 많다. 왜 어두우면 안 되는지 잘 모르겠다. 내게는 두 아이가 있는데 아이가 기분이 좋아서 방방 뛰면 조용히 하라고 혼냈다. 그래서인지 둘 다 차분한 아이로 자랐다. 물론

연령이 높아질수록
아이에게 혼자 있는 고요함을
느끼게 할 필요가 있다.

내 앞에서만 그러는 척하는 걸 수도 있지만 아이들이 사회에서 살아갈 때 도움이 될 거라고 본다. 그런다고 해서 성격이 바뀌리라고는 생각하지 않는다. 상대방에 따라 어떻게 행동해야 하는지 깨달을 뿐이다. 사람은 남들 앞에서 밝게도, 어둡게도 행동할 수 있다. 그 정도 능력은 누구에게나 있다.

성격만이 아니다. 방을 그렇게 밝게 한들 뭐가 좋을까 싶을 정도로 요즘 집들은 전반적으로 너무 밝다. 낮에는 커다란 남쪽 창으로 햇살이 비쳐들고, 밤에는 방 구석구석까지 환하게 밝은 조명 기구가 설치되어 있다. 하지만 분위기 좋은 레스토랑이나 호텔방은 고급일수록 그리 밝지 않다. 책을 읽을 때 책 주변이 밝으면 충분하다. 많은 사람이 밝으면 무조건 좋고 마음까지 환해진다고 세뇌당하고 있다.

원래 아이의 방을 만드는 목적은 아이를 혼자 두기 위해서다. 연령이 높아질수록 아이에게 혼자 있는 고요함을 느끼게 할 필요가 있다. 중학생 정도 되면 가끔 일요일에 어른들끼리 놀러가면서 아이 혼자 집을 보게 하는 것도 좋다. 요즘 사람들은 가족 단위로 외출하기를 너무 좋아한다. 아이와 함께하는 편이 좋다고 믿기 때문이다.

아이가 부모와 같은 취향을 갖도록 강요하는 가정도 많다. 참으로 신기한 일이다. 아이에게 강요하기 전에 본인 먼저 부모님 취향에 맞춰보면 어떨까. 그러면 효도라도 할 수 있으니 말이다. 자신은 못하면서 어떻게 아이에게 강요할 수 있는지 모르겠다.

물론 아이에 따라 다를 수 있다. 하지만 초등학교 고학년이 되면 어느 정도는 고독을 맛보게 하는 편이 정서 교육상 좋다고 생각하는데, 어떻게 생각하는가?

아무리 친한 사이라도 예의는 필요하다. 아무리 사랑하는 사이라도 서로 보여주고 싶지 않은 영역을 갖는 것은 무척 중요하다. 가족이나 부모자식 사이에는 비밀이 없어야 한다고 그럴듯한 말을 하는 사람이 있는데, 적당히 흘려듣는 게 현명하다. 겉만 번지르르한 말이다. 오히려 상대방에게 무엇을 알릴지, 정보를 어디까지 공유할지 생각해서 선택하는 것이 진짜 배려이며 아름다운 마음이다.

고독을 사랑하고 외로움을
만끽할 줄 아는 사람에게는
바라지도 않았던 커다란 즐거움이
자연스레 찾아온다.

고독과
즐거움이라는
감정의 그네

　　　　　지금까지 책을 읽으면서 고독에는 나쁜 면만 있
지 않으며 오히려 인간에게 꼭 필요하다는 점을 살펴봤다. 2장
에서 말한 즐거움과 외로움의 파도를 떠올려보라. 이 파동은
꼭 필요하다. 즐거웠다가 외로웠다가 하는 것이 건전한 상태다.
뭐가 좋고 나쁘고를 떠나서, 어느 한쪽이 없으면 나머지 한쪽
도 사라져서 평탄한 세계가 된다. 이는 심장이 멈춘 것과 같아
서 죽음의 세계라 해도 과언이 아니다. 죽으면 즐거움도 외로움
도 없다. 아무것도 느끼지 못한다. 결국에는 누구나 그렇게 될
테니 살아 있는 동안에는 여러 감정을 느껴보는 것이 좋지 않
을까?

파도는 마치 그네를 타듯 앞으로 나갈 때는 즐겁고 뒤로 빠질 때는 외로운 '요동'이다. 여기서 중요한 점은 즐거움만 크게 할 수도 없고 외로움만 커지지도 않는다는 점이다. 이것이 파형의 기본이다. 다만 사람은 자기 마음 상태를 주관적으로 파악하기 때문에 그네의 중심이 어디 있는지 제대로 모르고 늘 외롭다고 착각할 때가 있다. 반대로 뭐든 즐거운 사람도 있다. 사실 같은 폭으로 양쪽을 오가고 있는데도 그렇게 느낀다.

또한 더 즐거워지려면 발을 크게 굴러서 더 높이 올라가야 하는데, 그러면 외로움도 그만큼 커진다. 내가 관찰한 바로는 외로움이 두려워서 고독해지지 않으려고 억지로 떠들썩함을 추구하는 사람은, 그네에 올라 발도 구르지 않으면서 그저 높이 올라가려고 안달하는 것과 같다. 그런 사람이 올라탄 그네는 그냥 멈춰 있을 뿐이다. 그래서 지독한 외로움에 빠질 일은 없겠지만 꿈꾸던 즐거움에는 영원히 도달하지 못한다.

반면 고독을 사랑하고 외로움을 만끽할 줄 아는 사람에게는 바라지도 않았던 커다란 즐거움이 자연스레 찾아온다. '나는 떠들썩한 건 별로야.'라고 생각해도 주변에 친구가 모여든다. 그렇게 구체적으로 떠들썩한 상황이 생기지 않더라도 혼자 산에 올라갔다가 문득 눈에 띈 고산식물에 감동받기도 한다. 눈앞에 펼쳐진 아름다운 풍경에 눈물이 날 정도로 기뻐할 수 있다. 그런 감동은 정말 커다란 즐거움이다. 한번 맛보면 인생의 가치를 깨닫게 된다. 하지만 금방 혼자만의 고독한 세계로 다시 돌아간다. 그리고 그네는 더 크게 흔들린다.

고독을 두려워하는 사람은 고독이 얼마나 즐거운지 모른다. 그런 사람은 인생의 절반을 손해 보고 있을 뿐 아니라 파도의 진폭이 작아서 진정한 즐거움에 도달하지 못한다.

고독은 애정 안에 있다

나이가 들면 이러한 고독의 가치를 조금씩 깨닫게 되지만, 나이가 들어도 변함없이 떠들썩함에 이끌려 억지로 친구를 만들려는 사람이 있다. 아마 그런 사람은 취하지 않으면 즐거움을 찾지 못할 것이다. 취하면 어찌됐건 친한 사람들에게 둘러싸여 있는 듯한 분위기가 연출된다. 돈을 쓴다면 그런 비슷한 분위기를 억지로 만들 수도 있고, 돈이 많다면 주변에 사람들이 꾀여들 것이다. 하지만 고독하기는 마찬가지다. 그렇게 고독을 느꼈을 때 좌절하지 말고, 그 고독 안에 내가 원하는 것이 있다고 마음을 고쳐먹어야 한다.

젊은이들은 아무래도 떠들썩함에 이끌리게 된다. "고독은 멋진 거야."라고 노인네 같은 소리를 했다가는 동료들에게 따돌림을 당할지도 모른다. 젊은이들의 집단은 그저 '젊다'는 것만으로도 친근감을 느끼고, 본능적으로 서로 쉽게 받아들이는 경향이 있다. 또한 젊은이들은 자신을 이해해줄 사람을 찾고 있다. 인정받고 싶다, 인생의 동반자를 찾고 싶다, 여럿이 아니라 한 사람이라도 좋으니 내 곁에 있었으면 하고 바란다.

분명 일리가 있는 이야기다. 동반자가 있어서 둘이 함께 고독해진다면 별로 나쁘지 않을 거라 생각한다. 세상이 우리를 배신한다 해도, 둘만의 세계를 지킬 수 있으면 된다는 발상이다. 이는 '나' 대신 '우리'를 의식한 감각인데, 그런 생각을 하는 사람역시 나 한 사람이다. 상대방이 곁에 있긴 하지만 물리적으로 한 사람이 된 것은 아니다. 본심이 어떤지는 알 수 없다. 말을 믿을 수밖에 없는데 사람은 자신의 마음을 잘못 파악하기도 한다. 실제로 그렇게 사랑했던 커플이 비교적 높은 확률로 헤어지고 있지 않은가. 우리는 절대 그럴 일 없다고 맹세했던 사람들이 헤어지고 있다.

아무리 사랑하는 사람이 곁에 있어도 고독은 뒤따른다. 사소한 일로 싸우기만 해도 지금까지 느껴보지 못했던 고독이 엄습

한다. 이 또한 그네 이론으로 설명할 수 있는데, 사랑의 즐거움으로 발을 구르면 뒤로 밀려났을 때 고독이 커진다. 그렇기 때문에 '진정한 고독을 알고 싶으면 진정한 사랑을 추구하라.'는 멋진 잠언이 자연스럽게 나오는 것이다.

창작을 가능하게 하는 것이
고독이다.

고독을
창작으로
바꾸는 방법

세상에는 사랑 이야기를 담은 노래가 많다. 그리고 많은 사람이 음악을 듣는다. 그런데 사랑 노래에는 즐거운 사랑을 노래한 곡이 많을까, 아니면 가슴 아픈 사랑을 노래한 곡이 많을까? 따질 것도 없이 후자 쪽이 많다. 그런 곡이 쉽게 받아들여지기 때문이다. 많은 사람의 가슴을 울린다는 이야기다.

음악만이 아니다. 영화나 드라마를 봐도 순풍에 돛 단 듯한 사랑을 그린 작품은 극히 적다. 마지막은 해피엔딩일지라도 대부분은 슬프거나 조마조마한 장면으로 채워진다. 노래와 마찬가지로 그런 것을 대중이 원한다고 볼 수 있다.

만드는 사람 또한 즐거울 때보다는 슬플 때 창작하기가 쉽다. 가령 당신이 어떤 작품을 만드는 사람이라고 상상해보라. 연인과 즐거운 나날을 보내는 동안에는 작품을 만들 생각이 들지 않는다. 하지만 다투거나 헤어져서 고독이 밀려올 때는, 절망스러워도 그 슬픈 감정을 작품에 쏟아붓고 싶다는 마음이 들기 마련이다.

많은 창작자는 과거의 고독을 떠올려서 작품을 창조하기도 한다. 지금은 행복할지라도 과거에 맛보았던 고독, 가령 연인과 헤어지거나 친한 사람과 사별했을 때 느꼈던 상실감을 기억 속에 되살려 고독에 잠긴 채 창작에 임하기도 한다. 고독을 전혀 모르는 사람은 이런 창작을 할 수 없다. 남의 작품으로 간접 체험한 고독만으로는 아무래도 거짓말 같아진다. 디테일도 부족하고 너무 획일적이어서 어디에나 있을 법한 진부한 패턴에 빠지게 된다.

즉 창작을 가능하게 하는 것이 고독이다. 그런 면에서 고독은 생산적이라 할 수 있다. 창작을 업으로 삼고 있는 프로 창작자에게 고독은 돈이다. 금전적으로 가치가 있는 상태라 해도 틀린 말은 아니다.

예술은 인간의 추악함이나 허무함, 슬픔 같은 부정적인 것을 긍정적인 것으로 바꾸는 행위다. 가령 견딜 수 없는 고독의 밑바닥에 떨어졌다고 느낄 때, 그림을 그리거나 시를 쓰는 창작 활동을 꼭 해보라. 그림을 보거나 책을 읽는 수동적인 행위는 별로 효과가 없다. 오히려 고독감이 깊어질 우려가 있다. 하지만 스스로 무언가를 만드는 행위에 시간을 쏟으면 그 마음의 일부는 반드시 예술로 승화된다. 만약 그런 재능을 조금이라도 가지고 있다면 뭐든 좋으니 꼭 시도해보라. 그림이나 시, 음악, 연극 등 뭐든 좋다. 모든 예술에는 그런 기능이 있다.

물론 자신이 예술과 동떨어진 사람이라고 생각한다면 이 방법을 쓸 수 없다. 하지만 요즘 그런 사람이 있을까. 그저 스스로 눈치채지 못한 것은 아닐까. 표현이 좀 그렇지만 일부 예술가들은 자신의 불행을 자랑하고 있는 것 같다. 곁에서 봤을 때 그렇게 느껴지는 경우가 종종 있다. 하지만 그런 작품을 보면서 감동하는 소수가 반드시 존재한다. 예술은 만인에게 받아들여지지 않는다. 엔터테인먼트와는 다르다. 무엇보다 그 작품을 만드는 과정에서 적어도 작가는 위로를 받는다.

고독은
인간만이 누리는
특권이다

인간에게 고독은 가치 있는 상태이다. 수많은 욕구와 직결되는 본능적이고 동물적인 감정이 아니라, 인간만이 느끼는 고결한 감각이다. 물론 고독을 몰라도 살 수 있다. 하지만 냉정히 말해 동물적으로 살아갈 뿐, 인간으로 사는 것과는 다르다. 그만큼 고독은 인간다운, 인간만이 누리는 특권이다.

따라서 그렇게 소중한 고독을 거부하고 꺼리는 것은 인간성을 포기하는 자세라 할 수 있다. 본능 중에 첫 번째를 꼽으라면 식욕을 들 수 있는데, 식욕에도 만복과 공복 사이를 오가는 파동이 있다. 상상해보라. 우리는 공복일 때 맛있다고 느낀다. 공복은 생존의 위기를 뜻하기도 하지만 조금 참고 다이어트를 하면 더 건강해진다. 이것은 인간만이 할 수 있는 행위다. 또한 무언가를 달성하고자 하는 탐욕스러운 향상심을 우리는 헝그리 정신이라 부른다.

현대인은 지나치게 타인과 연결되어 있으려고 한다. 타인과 인연을 맺는 데 필사적이다. 바로 인연을 파는 장사에 휘둘린 결과다. 돈을 내고 인연을 맺는 것은 돈을 내고 먹는 것과 같다. 공복은 비정상이기 때문에 계속 먹어야 한다고 착각하고 있는 것이나 마찬가지다. 그래서 현대인은 '인연의 비만 상태'에 빠져 있다.

지나친 인연으로 생긴 비만이 자유로운 사고와 행동을 제약한다는 사실을 깨달아야 한다. 때로는 단식을 해서라도 다이어트를 해야 건강에 좋다. 즉 가끔씩은 고독해져야 건강하고, 사고나 행동도 가벼워진다.

즐거움에 굶주린 상태가 고독이다. 따라서 고독할 때 즐거움을 추구하는 생산적이고 진취적인 힘이 솟아나는 것은 자연의 섭리이다.

고독을 두려워하는 사람은
고독이 얼마나 즐거운지 모른다.
그런 사람은 인생의 절반을 손해 보고 있을 뿐 아니라
파도의 진폭이 작아 진정한 즐거움에 도달하지 못한다.

4장

인생이 깊어지는
고독의 맛

고독이 주는
창작의 맛

　　　　지금까지는 고독이 인간에게 매우 소중하며 특히 창작의 원동력이 된다는 점을 살펴봤다. 더 나아가 이번 장에서는 고독이 창작 활동에 긍정적인 영향을 미치는 이유를 생각해보고자 한다.

　그전에 미리 양해를 구하고 싶은 점이 있다. 대부분의 보통 사람들은 창작이라는 행위가 왜 그리 중요하냐며 의문을 제기할 수 있다. 평범한 직장인이 하는 일을 생각해봐도 창작이라 할 만한 업무는 그리 많지 않다. 많은 사람이 예술은 나랑 상관없는 일이라서 고독은 도움이 되지 않는다고 속단할지도 모른다. 하지만 그렇지 않다고 미리 말해두고 싶다.

세상의 큰 흐름을 봤을 때 오래전 인간이 하는 일의 대부분은 육체노동이었는데 기계가 발달하면서 줄어들었다. 그 후로는 사무적인 작업이 많아졌지만 사무직 또한 디지털 기술이 발달하면서 점점 줄어들고 있다. 이런 큰 흐름 속에서 사람에게 남겨진 일은 주로 사람 사이의 관계를 조율하는 일로 옮겨졌다. 회의에서 의견을 조정하고 전략적인 방향성을 결정하는 등 주로 기업의 수장이 하는 일과 비슷하다. 하지만 이런 일에는 많은 사람이 필요하지 않다. 소수의 엘리트가 머리를 써서 하는 작업이기 때문이다. 따라서 현재 생산 행위와 연관된 일은 일자리가 줄어들고 있으며, 일자리 감소가 이미 꽤 진행된 단계라 할 수 있다.

　실업자가 늘고 있어도 생산은 계속되고 있기 때문에 사회는 풍족해진다. 극단적으로 말하면 모든 일을 기계에게 맡기고 사람은 놀아도 되는 상황이다. 그래서 일자리가 없는 사람이 늘어나는 것은 당연한 흐름이다. 생산성만 떨어지지 않는다면 일하지 않는(혹은 일하지 못하는) 사람을 돌봐줄 수도 있다. 이것이 사회보장제도다.

　하지만 사람은 놀기만 해서는 좀처럼 충실하게 살아가지 못한다. 내가 사회에 도움이 된다고 느끼고 싶어 한다. 여기서 대

두되는 것이 사람이 사람에게 서비스를 하는 직종이다. 서비스업에는 정보를 전달하는 일이나 사람을 감동시키는 엔터테인먼트, 스포츠도 포함된다. 이 분야의 일은 앞서 말한 육체노동이나 사무노동이 감소한 만큼 비율이 높아지고 있다.

의식주와 관련된 상품을 생산하는 활동은 사람이 살아가는데 꼭 필요하지만, 정보나 감동은 그렇지 않다. 옛날에는 없었던 분야다. 대중이 풍족해지면서 그런 것에 돈을 쓰게 되었고, 서비스 가격이 점점 낮아져 누구나 이용할 수 있는 사회가 되었다.

보도나 스포츠는 창작이라 할 수 없지만 엔터테인먼트는 예술이 바탕에 깔려 있기 때문에 기본적으로 개인의 창작이 생산한 가치를 팔고 있다. 물론 영화나 애니메이션처럼 여럿이 협력해야 생산할 수 있는 상품도 많다. 하지만 그 출발점은 개인의 발상과 아이디어, 그리고 이미지다.

그 외에 창작이 중요한 산업으로는 레저 산업이 있다. 사람이 놀 수 있는 환경을 파는 레저 산업에서도 새로운 가치를 창출하는 것은 창조적인 발상이다. 가령 이세진구(일본 미에현에 위치한 신사) 관광으로 수익을 올리려고 할 때 관광지 자체를 어떻게 하기는 어렵다. 그보다는 연관된 이미지를 만들어야 한다. 실체가 아니라 이미지를 파는 것이다. 이는 일반 상품에서도 두드러지는 현상이다. 이미 업계들이 기술적인 면에서는 우열을 가리기 힘들 정도로 성장했기 때문에, 부가가치가 될 이미지를 어떻게 창작할지가 중요해지고 있다.

결국 종합적으로 살펴보면 인간의 육체나 머리로 단순하게 처리하는 작업은 이제 필요 없어졌다. 사람이 하는 일의 영역은 두뇌를 이용한 '발상'으로 옮겨지고 있다. 창작 활동이 사람 일에서 차지하는 비중은 앞으로 점점 늘어날 것이다. 따라서 자신이 예술과 동떨어졌다고 생각하는 사람에게 조언해주고 싶다. 그런 상태로는 먹고살기 힘들어질 거라고. 특히 앞으로 몇 십 년을 더 일해야 하는 나이라면 더욱 그렇다.

고독이 주는
쓸쓸한
아름다움

고독이 창작에 꼭 필요한 이유는 뭘까?

경험으로는 알아도 그 이유를 과학적으로 증명하기란 어렵다. 뇌 과학 영역인지 심리학 영역인지는 모르겠지만, 지금 내가 할 수 있는 말은 그런 경향이 인간의 머릿속에 있다는 것뿐이다. 고독이 창작에 끼치는 영향은 옛날부터 현저했다. 대부분의 예술은 종교와 깊은 연관이 있었다. 종교가 예술이 주는 감동을 이용한 부분도 있지만, 사람들이 신비로운 것에서 더욱 숭고한 미를 찾으려 했기 때문이다. 여기서 말하는 신비에는 지극히 개인적인 주관이 바탕에 깔려 있다. 사람들은 가슴을 울리는 무언가를 접했을 때 그것이 절대자의 힘이라 체감했다. 또한 고독에서 도망치려면 신이 필요했기 때문에, 종교에 심취하는 행동은 고독에서 비롯되었다고 생각할 수 있다.

예로부터 일본에는 '소박하고 한적함'을 뜻하는 와비사비 문화가 전해 내려오고 있다. 이 문화에서도 쓸쓸함에서 미를 발견하는 섬세하고 예민한 감각이 엿보인다. 특히 가련함에서 미를 찾아내는 관점은 서양 문화에서는 거의 중심이 되지 못했다. 낡은 것이 아름답다, 떨어지는 낙엽이 아름답다는 것은 스러져 가는 것에서 단순한 애상이 아니라 최상의 미를 찾아내는 정신이다.

서양이나 중국에서는 낡은 건축물을 지어졌던 당시의 상태로 복원하곤 한다. 하지만 일본에서는 거의 없는 일이다. 교토(京都)에 있는 금각사(金閣寺)나 니코(日光) 시의 도쇼쿠(東照宮)는 예외지만, 기본적으로 낡은 데서 우러나오는 운치를 좋아한다. 번쩍번쩍 금박이 입혀진 상태보다 금박이 벗겨져서 흐릿한 색조를 띠는 상태가 좋다고 느낀다. 이 또한 와비사비의 문화가 남긴 영향이다. 이러한 문화를 형상화한 건축물이 바로 금각사와 짝을 이루는 은각사(銀閣寺)이다. 이름은 은각사이지만 은박으로 둘러싸여 있지 않다.

이렇게 언뜻 보면 분명 쓸쓸한 대상에서 미를 발견하는 정신은 왜 생기게 되었을까?

정확히는 '쓸쓸함을 느끼는 정신이 아름답다.'는 의식이 먼저이다. 쓸쓸함을 추구하는 마음 자체가 아름답다는 사상이다. 더 쉽게 해석하면 낡고 스러져가는 것을 주목하고 지향하는 자세야말로 미를 찾아내는 마음이라 여겼다. 여기에는 휘황찬란하고 눈부신 것만이 미가 아니라는 반발심도 섞여 있다. 오히려 화려함을 뛰어넘어 더 차원 높은 미를 찾아내려는 정신이 도달한 궁극점이라 할 수 있다.

고독이 주는
성숙함의
미(美)

세월이 흐르면 모든 것이 낡지만 자연은 아니다. 원래 자연에는 새로운 것도 낡은 것도 없다. 자연은 늘 변화하고 새롭게 태어난다. 100년 전의 자연은 어디에도 존재하지 않는다. '낡았다'는 말은 사람이 만든 것을 형용하는 말이다. 또한 지금은 세상을 떠난 과거 사람이 만든 것이자 사람이 사라져도 남는 것의 가치, 혹은 짧은 인생에 대해 생각하게 한다.

사람은 언젠가 죽는다. 이것이 바로 궁극의 외로움이다. 고독은 죽음에 대한 연상이기도 하다. 죽으면 누구와도 이야기하지 못한다. 누구와도 만날 수 없다. 이 세상에서 나만 격리되어 아무것도 보이지 않고, 아무도 나를 원하지 않는 상태를 뜻한다. 게다가 누구도 죽음을 피할 수 없다. 거부해도 반드시 찾아온다.

그런 것에서 시선을 피하지 않고 오히려 똑바로 응시하며 미를 발견하는 정신이 인류가 가진 최대의 난제를 극복하는 유일한 방법이다. 그 정신에서 예술이 선사하는 반전, 즉 최대의 불행을 가치 있는 무언가로 교환하는 반전의 극치를 엿볼 수 있다.

생각해보라. 친구들과 왁자지껄 떠들 때, 혹은 술을 마시며 노래하고 춤출 때 당신은 어떤 미를 찾을 수 있는가? 기껏해야 관심이 가는 미인을 발견하는 정도이다. 미인을 발견할 확률도 그리 높지는 않다. 오히려 파티의 소음에서 조금 떨어진 자리, 어두운 곳에 외로이 앉아 있는 여성이 더 아름다워 보일지도 모른다. 지어낸 이야기를 예로 들자니 겸연쩍긴 하지만, 어차피 소설가가 날조하는 미라는 것이 빤하지 않은가.

그보다는 해질녘에 혼자 시골길을 걷거나 고생해서 산 정상에 도달했을 때, 혹은 망원경으로 구름 한 점 없는 밤하늘을 올려다볼 때를 상상해보라. 외로움과 고요함 속에서 평소 느끼지 못한 아름다움을 발견하는 일이 훨씬 많을 것이다. 그래도 보지 못하는 사람은 진정한 아름다움을 모르거나, 아름다움을 보는 눈이 없는 것이다. 파티에서 이성만 따라다니는 사람은 평생 모른다. 물론 그런 인생도 좋다. 사람은 예외 없이 나이가 들고 인생의 덧없음에 직면하기 때문에, 결국에는 그런 궁극의 미를 볼 수 있다. 빠르냐 늦느냐의 차이가 있을 뿐이다.

이상한 이야기지만 풍경을 보고 아름답다고 느끼는 사람 중에는 노인이 압도적으로 많다. 젊은이들 가운데는 풍경 따위에는 관심 없는 사람이 많다. 특히 어린아이들은 단풍을 보러 가도 별로 감흥을 느끼지 못한다. 어른들이 "어머, 예쁘다. 정말 예쁘지 않니?" 하고 물으니까 어쩔 수 없이 동조해서 착한 아이를 연기하는 데 불과하다.

노인에게 풍경이 아름답게 비치는 이유는 아마도 자신의 죽음을 가까이에서 느끼기 때문일 것이다. '이 풍경을 앞으로 몇 번이나 더 볼 수 있을까.' 하는 센티멘털한 감정이 가미되기 때문에 아름답게 보인다. 아무것도 아닌 것에서 미를 발견하는 관점은 인생의 덧없음에서 비롯된다.

성숙과 세련에서 생겨나는 미

이처럼 자연스러운 미, 단순한 미, 소박한 미는 '성숙함'이 만들어낸 작품이다. 옛날에 아름다움이란 곧 장식이었다. 휘황찬란하게 보석이나 금은을 박아 넣어 지나치다 싶을 정도로 장식에 치중하던 시대가 있었다. 서양이나 동양, 물론 일본에서도 마찬가지였다. 또한 건축과 패션, 공예품에서도 같은 경향이 엿보인다. 그렇게 화려한 아름다움은 누가 봐도 알아채기 쉽다. 장식이 많을수록, 정교할수록, 손이 많이 갈수록, 즉 돈이 들수록 고급품이라는 인식이 있기 때문에 비교하기도 쉽다. 그런 현상은 점점 심해져 결국 장식이 과해지고 배보다 배꼽이 더 큰 심각한 상황에 이르렀다.

이쯤 되면 사람들은 생각할 것이다.

'그렇다면 미란 무엇일까, 무조건 품을 들이고 돈을 써서 장식하는 것일까, 과연 그런 장식으로 미를 구현할 수 있을까?'

이러한 반동에서 장식을 빼고 단순해야 오히려 아름답다는 정반대의 발상이 생겨났다. 건축을 예로 들자면 콘크리트 구조물이 그대로 드러난 건축물이 사랑받았다. '구조미'라는 단어가 생겨났으며 역학적으로 균형 잡힌 형태, 즉 골조 자체를 숨기지 않고 드러내게 되었다. 한때는 스켈리턴(skeleton)이라고 해서 내부 구조가 보이는 디자인까지 등장했다. 장식하지 않는 것에서 시작해 숨기지 않기에 이르렀으며, 결국 표면을 덮고 있던 것까지 벗겨냈다. 이는 마치 오랜 시간에 걸쳐 금박이나 도장이 벗겨지고 풍화되고 빛바래, 그 밑바탕에 있던 본체가 드러나는 과정과 같다. 또한 낡은 것에서 미를 찾아내는 마음과도 통하는 데가 있다. 아름다움은 화려한 도장이 아니다. 화려함은 원래의 아름다움을 가리는 눈가리개가 아니었을까 하는 반성에서 비롯된 결과이다.

많은 현대인들은 이러한 마음을 잘 알고 있다. 동양인뿐 아니라 서양인들 또한 소박한 아름다움에 익숙해져 있다. 과거 정밀하게 그려졌던 회화는 윤곽이 뚜렷하지 않은 인상파 화풍을 거쳐 더욱 단순한 현대미술로 이동했다. 여성 패션만 봐도 이제 주니히토에(일본 궁중 여성들의 평상복)나 클래식한 드레스는 유행하지 않는다. 보석으로 잔뜩 치장하면 악취미라는 말을 듣는 시대가 되었다.

장식이 있어야 아름답다고 인식했던 옛날 사람들 눈에, 현대의 미는 분명 쓸쓸하게 보일 것이다. 왜 그렇게 쓸쓸함을 사랑하는지 이해하지 못할 것이다. 이처럼 고독이나 쓸쓸함의 가치를 모르는 사람은 그런 낡은 생각에 얽매여 있다고 말할 수 있다.

화려함에서 쓸쓸함으로 이동하게 만드는 동력은 '세련'이기도 하다. 세련으로 나아가게 하는 것은 성숙이며, 요즘 말로 표현하자면 '어른의 미'이다.

육체에서 정신으로

물론 장식이 화려한 아름다움이나 떠들썩한 즐거움을 부정할 생각은 없다. 하지만 그런 것들이 지나간 후에 따라오는 '고요함'에 진정한 가치가 있다. 이는 사람이 어린아이와 청년을 거치며 어른이 되는 과정과 일맥상통한다.

어릴 때부터 고독을 사랑한다는 것은 부자연스럽고, 과장해서 말하면 이상할지도 모른다. 아이는 늘 들떠 있으며 활기차게 뛰노는 존재이다. 다만 점점 차분해진다. 그래서 어른으로 성장하는 과정을 '어른스러워진다'고 표현하는 것이다.

고요함에서 생겨난 미는 힘의 중점이 육체에서 정신으로 이동한 결과라 할 수 있다. 품과 시간을 들여 장식한 미는 이른바 인간의 '노동'이 만들어낸 조형물이다. 돈을 들이는 것도 마찬가지다. 돈은 사람을 움직이게 하는 힘이며, 임금이 많은 신하를 시켜 만들게 한 장식품을 떠올리면 된다. 고도의 기술 또한 쉽게 할 수 없는 것, 즉 대다수가 만들지 못한다는 희소성을 꾀

한 결과다. 따라서 이를 헤아리는 척도는 인간의 노동, 육체가 창조한 가치다. 반면 세련미는 손을 움직여서 만드는 장식이 아니다. 정밀하게 그려진 유화와 수묵화를 비교하면 쉽게 알 수 있다. 세련미는 무언가를 만드는 데 얼마나 많은 시간을 들였는지가 아니라, 거기에 담겨진 정신의 깊이에서 가치를 발견하려고 애쓴 결과이다.

고요한 가운데 가만히 멈춰 서서 정신을 집중해 생각하는 그 고독하고 조용한 시간에 육체는 활동하지 않는다. 그저 마음속에서 무언가 떠오르기를 기다린다. 그런 수행과 같은 시간을 보내며 문득 뇌리에 스치는 무언가를 포착해 단번에 붓을 움직인다. 그 기세와 소박함이 보는 이들을 놀라게 한다. '이런 아름다움이 있었구나.' 하고.

육체적인 활동은 젊을수록 잘한다. 하지만 정신의 깊이란 역시 살아온 시간이 밑거름이 된다. 사람들은 거기에서 인간 자체의 세련미를 찾으려 했다. 그 밑바탕에는 젊음을 잃고 몸이 쇠약해지고 죽음과 가까워지는 과정에도 인간으로서의 존엄, 사람으로서의 아름다움이 있다는 철학이 흐르고 있다.

군중 속에서
깨닫는
고독의 가치

이 장의 내용을 요약하면 '고독한 상황에서 무언가가 새롭게 창작된다.'인데, 바꿔 말하면 '미를 찾아내는 과정에서 인간의 정신이 고독을 원한다.'는 것이다.

인간에게는 아름다움을 보고 싶어 하는 욕구가 있다. 이는 동물적인 욕구를 뛰어넘은 인간다운, 인간만이 가지고 있는 욕구이며 더 높은 차원으로 나아가고자 하는 소망이다. 이러한 바람은 삶에 대한 기본적인 욕구가 어느 정도 채워진 후에 발현되며, 평화롭고 풍족한 사회 속에서 비로소 활기를 띤다. 문명이 진보하고 대부분의 사람이 운 좋게도 평화로이 살아갈 수 있는 사회가 구축되었을 때, 인류의 욕구는 아름다움을 추구할 수

밖에 없다. 그러지 않으면 나태와 황폐함이 기다리고 있을 뿐이다. 아마 지금까지 부분적으로 번영을 누리며 그런 조짐을 확실하게 느꼈기 때문에 발견한 활로일 것이다.

그럼 여기서 현대 사회를 상징하는 도시 생활을 관찰해보자. 시골에서 상경한 사람들이 모여 대도시가 형성되었다. 고향을 떠나는 행위 자체가 출신이나 자란 환경을 떠나 '지금'을 바라보는 집단을 만든다. 도시에서는 많은 사람이 전철 입구에 줄을 서서 똑같은 폐쇄 공간으로 기꺼이 들어간다. 주변에 아는 사람도 없다. 타인으로 둘러싸여 있다. 맞닿을 만한 거리에 있어도 그 존재를 의식하지 못하는 것처럼 행동한다. 음악을 듣거나 책을 읽으며 각자의 시간을 즐긴다.

고층 아파트에 살며 높은 곳에서 도시를 바라본다. 사람 얼굴이 보이지 않는 높이가 좋다. 물론 옆집 사람과 같이 바라보지는 않는다. 그 창문은 나만의 것이다. 도시에 사는 사람은 기본적으로 '고독'에 거주하는 주민이다. 그래서 고독을 채워줄 환상을 필요로 한다. 휴대용 단말기로 실체가 보이지 않는 사람과 인연을 다진다. 누군가가 나를 원하고 있다는 어렴풋한 증거를 그 속에서 발견한다. 따로따로 흩어져 있지 않고 모두 같은 것을 보고 있다는 의식을 원한다. 결국 현실은 고독하고 따로따로

도시에 사는 사람은 기본적으로
'고독'에 거주하는 주민이다.
그래서 고독을 채워줄 환상을 필요로 한다.

이기 때문이다.

만약 진짜 친한 친구, 진짜 나를 원하는 사람이 있다면 그렇게 자주 확인할 필요가 있을까. 계속 연결되어 있어야 한다는 불안 감을 느낄까. 인연이라는 부자연스러운 말이 필요할까. 상대방이 나를 정말 필요로 하는지 자신이 없어서 생기는 불안, 고독을 두려워하는 불안정함이 도시 사람들의 행동에서 여실히 드러나고 있다.

멀리 떨어져 있는 사람과 언제든 이야기할 수 있게 되었음에도 불구하고 왜 모두 같은 장소로 모여들까. 왜 인파 속으로 외출할까. 왜 가족은 늘 함께 있으려고 할까. 왜 주택가에 모여 살까. 개성이 중요하다고 하면서 왜 유행하는 패션에 신경을 쓸까.

무척 신기한 풍경이다. 하지만 인간은 원래 그런 존재일지도 모른다. 새도 무리를 짓고 개미도 행렬을 만든다. 가축으로 키우는 닭이나 양을 관찰해보면 도시 사람들과 닮았음을 알게 된다. 모두 주어진 먹이를 먹고 알을 낳는다. 가끔 무리를 벗어났다가도 개 짖는 소리에 놀라 다시 돌아온다. 무리 속에서 보호받고 있으면서 동시에 지배당하고 있다. 우리는 타의에 의해 살아가고 있다.

물론 나쁘다는 뜻은 아니다. 하지만 조금 허무하다고 느끼는 사람은 있을 것이다. 그런 감정을 느끼는 것만으로도 인간으로서의 고상함을 지니고 있다는 증거이다.

고독과 고뇌의 가치

그 '고상한 허무함'을 느끼게 하는 핵심이 바로 고독이다. 고독을 느끼지 못하는 사람은 인간으로서 둔감하며, 결국 아름다움을 보지 못한다는 뜻이 된다. 닭이나 양도 아름다움을 모를 것이다. 모르니까 편하게 산다. 그런 삶도 나쁘지 않다. 모르면 모르는 대로 살 수 있다. 그런 삶이 불행하다고 어찌 말할 수 있겠는가. 하지만 만약 아름다움을 깨달았을 때는 그 개인적이고 인간적인 고뇌를 어떻게든 해결해야 한다.

지금까지는 고뇌처럼 느껴지는 그러한 감정이 인간에게 꼭 필요하다고 역설했는데, 사실 순서가 바뀌었다. 그러한 고뇌가 바로 인간의 가치인 것이다. 그렇다면 이 고독이라는 고뇌를 어떻게 해결해야 할까?

'고독이 인간의 가치'라 해도 외롭고 힘들기는 마찬가지기 때문에 어떻게든 해줬으면 좋겠다고 느끼는 사람도 많다. 그에 대

도시에서는 많은 사람이 전철 입구에
줄을 서서 똑같은 폐쇄 공간으로
기꺼이 들어간다. 주변에 아는 사람도 없다.
타인으로 둘러싸여 있다. 맞닿을 만한 거리에 있어도
그 존재를 의식하지 못하는 것처럼 행동한다.
음악을 듣거나 책을 읽으며 각자의 시간을 즐긴다.

한 한 가지 대답은 인간다운 활동을 통해 그 고뇌나 괴로움을 소비하라는 것이다. 창작을 함으로써 고독을 승화시킬 수 있다는 이론은 그런 뜻이었다. 고독을 해결하는 구체적인 방법은 다음 장에서 살펴보기로 하자. 이는 고독을 더 멋지게 만드는 방법이기도 하다.

5장

나를 성장시키는
양질의 고독법

시를
지어보자

       고독을 받아들이는 것은 고독이 주는 외로움을 피하는 일이자, 의식적으로 고독한 환경에 익숙해지는 일이기도 하다. 고독과 멀어지는지 가까워지는지 분명치 않은 부분이 있다. 마치 선문답처럼 들릴지도 모른다. 이는 '고독'이라는 말을 두 가지 의미로 쓰고 있기 때문에 발생하는 모순이다. 정말 고립되는 두려운 상태의 고독과 조용하고 차분한 분위기로 창작에 적합한 고독은, 사실 현실적인 상태로 따져보면 그리 다르지 않다. 주관적인 인식에서 큰 차이가 벌어진다. 그래서 고독의 양면성을 깊이 이해하는 것이 중요하다.

  주관적인 판별이란 쉽게 말하면 '마음가짐'이다. 그래서 고독감이 느껴져 외롭고 힘들 때는 '아, 이것이 귀중한 고독이구나.' 하고 생각하면 된다. 그러기만 해도 사람은 웃을 수 있다. 비록 순간일지도 모른다. 웃는다고 해서 외로움이 말끔하게 사라지지는 않기 때문이다.

따라서 그다음으로는 창작을 해보는 것이 좋다. 가장 쉬운 방법은 시를 짓는 것이 아닐까 싶다. 이 말에 아마도 웃는 사람이 있을 것이다. 하지만 누구한테 보여줄 것도 아니니 그 외로움을 시로 옮겨보면 된다. 시조나 단시, 현대시 뭐든 좋다. 음악을 좋아한다면 가사를 써보라. 그러면 고독감이 조금은 사그라진다. 적어도 좋은 시를 지으려고 단어를 찾으며 머리를 짜내는 동안에는 조금이라도 즐겁지 않을까. 그렇게 완성한 시를 나중에 읽어보는 것도 좋다. 창피해서 웃음이 터질 때도 있고, 당시 기분이 떠올라 눈물이 날 때도 있을 것이다.

그런 행위를 함으로써 조금이나마 괴로운 마음을 분산시킬 수 있다. 다른 누군가에게 떠맡기지 않고 미래의 자신에게 분담하는 것이다. 지금 혼자 감당하기에는 짐이 너무 무겁다면 대출을 차차 갚아나가듯 그 기분을 뒤로 미루면 된다. 창작에는 그런 기능이 있다.

하지만 가끔 역효과도 나타난다. 창작에 훌륭한 재능이 있는 사람은 자신의 기분을 뽑아내어 증폭시킬 수 있다. 이러한 경향은 천재라 불리는 창작자에게서 두드러지는데, 그 증폭된 고독을 뒤로 미뤄도 더 커져서 결국 죽음을 선택하는 일도 있다. 그런 천재는 이 글을 읽지 않을 것이고 스스로 충분히 인지하고 있을 테니 내 말이 아무 영향도 끼치지 못할 것이다. 하지만 천재가 아닌 보통 사람은 크게 신경 쓸 필요 없다. 나도 천재가 아니기 때문에 전혀 문제가 없었다. 직접 경험했기에 여기에 적은 것이다.

도망갈 곳을
찾자

아무리 노력해도 창작할 수 없는 사람은 어떻게
해야 할까? 창작을 어렵게 생각하는 사람이 많다. 그런 사람들
이 고독에 빠졌을 때 위험할 수 있다. 조금이라도 창작을 해본
경험이 있는 사람은 고독을 다른 무언가로 바꿀 수 있다. 하지
만 창작과 인연이 없는 사람은 처음부터 모든 것을 받아들이
는 수동적인 인생을 살아온 경우가 많다. 그런 사람은 주변 분
위기를 중시하고 늘 사람들 사이에 속해 있고자 한다. 조직이나
집단, 동료에게 의지한다. 그래서 어떤 계기로 그 자리를 잃거
나 입장이 위태로워졌을 때 크게 상처받을 뿐더러 도망갈 곳이
없다. 즉 정신적으로 위험한 상태에 빠질 가능성이 높다.

나는 아까 말한 시를 짓는 일은 누구나 할 수 있다고 생각한다. 못하는 사람은 못한다고 믿으며 자신의 가능성을 차단하고 있는 것이다. 그런 사람이 꽤 많다. 오랜 경험상 수신(受信)만 제대로 해도 살아갈 수 있음을 깨달았기 때문이다. 발신(發信)을 해야겠다는 생각은 거의 하지 않는다.

이렇게 수신만 하는 사람은 고독에 빠졌을 때 자신을 구해줄 사람이 나타나기를 기대한다. '누군가가 구해주겠지.' 하고 무의식적으로 희망한다. 아무도 구해주지 않으면 인생 상담 같은 카운슬링을 받는다. 구세주가 나타나 나를 인정해주고 친해질 것이며, 그것만으로도 고독이 완화되리라는 기대가 앞서서 대책을 세우려는 마음은 나중 문제가 된다.

몸이 아파 병원에 갔으면서 처방약보다 의사와 대화를 나누는 데 심취해, 의사가 개인적으로 나를 구원해주리라 착각하는 것과 비슷하다. 노인들이 병원으로 몰리는 이유 또한 어느 정도는 이 때문이라고 생각한다.

부자인 사람은 의사가 아니라도 돈을 씀으로써 서비스를 받을 수 있다. 나를 상대해줄 사람을 아르바이트로 고용하면 된다. 술집에는 그런 역할을 해주는 사람이 있다. 술집 이외에도 꽤 많다. 돈만 있으면 고독감을 해소할 수 있다는 말도 허무맹랑한 거짓말은 아니다. 그런 인생을 부정할 마음은 전혀 없다. 돈으로 산 우정이라고 무시하는 행동은 잘못되었다. 음식이나 레저, 지식도 결국 돈으로 사고 있지 않은가.

고독은 사치다?

돈 이야기가 나온 김에 계속해보자. 출세하거나 장사가 잘돼서 수입이 늘면 그만큼 주위 사람들이 떠나기도 한다. 평사원일 때는 모두 동료지만 출세를 하면 부하와 동료가 될 수 없다. 기업의 수장들은 극심한 고독감에 시달리기도 한다는 말을 자주 들었다. 하지만 어쩔 수 없다. 모두에게 지시를 내려야 하는 입장이기 때문이다. 누구나 귀찮은 일은 하기 싫은데, 그런 일을 시키는 것이 수장의 역할이다. 즉 직급이 올라가고 월급이 늘수록 직장에서 느끼는 즐거움은 줄어들고 외로움과 고독감은 커진다. 그런 외로움과 고독을 메우기 위해 월급이 올라가는 것이다. 수입이 늘어나면 많은 사람이 질투한다. 장사를 시작할 때 응원해주던 사람들도 점점 소원해진다. 그런 면에서 느껴지는 고독도 있다.

반대로 일자리마저 없는 빈곤한 고독도 있다. 하지만 이 경우에는 고독이 어쩌네 하고 있을 여유가 없다. 고독을 해소하기보다는 먹고사는 것이 중요하다는 이치가 우선된다. 가난과 고독을 혼동하는 사람이 많은데 사실 전혀 다르다. 고독은 생존이 확보된 다음에 따라오는 더 사치스러운 감각이다.

가난과 고독을 혼동하는 사람이
많은데 사실 전혀 다르다.
고독은 생존이 확보된 다음에
따라오는 더 사치스러운 감각이다.

연구를
하자

　　　　　예술 말고 고독을 다른 무언가로 바꿀 만한 창작 행위에는 무엇이 있을까?

　우선 연구가 있다. 연구는 창작이 아니지만 독창성이 필요하고 어떤 발상이 원동력이 된다. 지금 당장은 생활에 도움이 되지 않기 때문에 사회에 필요하다고 인정받기 어렵다. 게다가 연구 활동은 고독을 느끼는 행위다. 아직 세상 누구도 도달하지 못한 영역에 발을 내딛는 것이기에 적어도 같은 경험을 한 동료가 없다. 그룹으로 연구를 진행할 때도 각자 일을 분담하고 있을 뿐, 개인의 활동은 고독하다.

　연구의 본질은 나를 인정해주길 바라는 욕구와는 조금 다르다. 그런 욕구가 있다 해도 차차 인정받으면 된다는 정도이다. 그보다는 무언가를 알고 확인하고자 하는 마음이 연구를 계속하게 만든다. 고독이 원동력이라 해도 과언이 아니다. 따라서 고독을 받아들이기로 마음먹었다면 무언가 연구하면 된다. 연구가 고독을 소비할 것이다.

그렇다고 최첨단 과학이나 수학에 도전하라는 뜻은 아니다. 주변에서 쉽게 찾을 수 있는, 아무도 연구한 적 없는 무언가에 착안하여 나만의 이치를 찾아내면 된다. 다만 남이 하는 것을 모방해서는 안 된다. 독서는 좋지만 배우는 것은 연구가 아니다. 배우는 동안, 즉 정보를 흡수하는 동안에는 아무 생각도 떠올리지 않는다. 연구를 하기 위해 자료를 모으는 일이며 어디까지나 준비 단계, 출발하기 전 행위이다. 이 단계에서는 고독을 느끼지도 않는다. 오히려 많은 사람의 발자취를 좇는 일이기 때문에 타인이 준 도움을 체감하고 감사하게 된다. 이는 고독이 아니며, 고독을 소비할 수도 없다.

사실 예술보다 연구 활동이 더 어렵다. 나한테는 그런 재능이 없다며 포기하는 사람도 있을 것이다. 그럼 더 쉬운 방법을 소개하도록 하겠다.

쓸데없는
짓을 하자

쓸데없는 짓은 고독에 대처하는 데 효과가 있다. 아무 도움도 되지 않는 일을 일부러 하는 것이다. 가장 적합한 예로 조깅이 있다. 건강에 좋다고 생각하면 효과는 크게 줄어든다. 그저 지치고 근육통이 생긴다는 부정적인 면만 받아들이자. 일종의 '수행'과 같다. 날마다 곡괭이로 마당을 고르는 방법도 좋다. 채소를 재배하면 말짱 도루묵이다. 그저 고르기만 해야 한다. 하지만 약간의 타협은 필요하기 때문에 씨앗 정도는 뿌려도 괜찮다. 가능하면 먹지 못하고 꽃도 피지 않는 작물이 좋다. 단조로운 성장을 지켜보기만 하라. 쓸데없으면 쓸데없을수록 효과가 있다.

'나는 왜 이런 쓸데없는 짓을 하고 있을까?' 하고 의문을 갖는 자세가 중요하다. 본질은 쓸데없음을 체감하는 데 있다. 원래 인생이란 그만큼 쓸데없고 어리석기 때문이다. 물론 고독도 쓸데없다. 하지만 열매를 먹지 못하고 꽃이 아름답지 않은 풀이라도 성장하고 시드는 변화를 하며, 당신은 그런 과정을 지켜보게 된다. 날마다 잡초를 바라보며 무언가를 생각한다. 아무 도움이 되지 않는 잡초라 할지라도 에너지를 소비하며 살아가고 있다.

그런 것에서 문득 고독의 본질, 그리고 뭐라 형용할 수 없는 아름다움이 보이지 않을까. 어리석은 것이 재미있게 느껴진다. 시시한 것이 사랑스럽게 보인다. 그렇게 바꾸는 주체는 잡초가 아니라 바로 당신의 두뇌이다.

인간만이 도달할 수 있는 경지

창작과 연구, 쓸데없는 행위가 고독을 받아들이는 혹은 고독을 사랑하는 방법이라 했는데 그렇다면 이들의 공통점은 무엇일까.

이미 알고 있겠지만 창작이든 연구든 지금 당장 먹고사는 일과는 아무 연관이 없다. 살아가는 것, 생활과는 거리가 멀다. 생물로서는 쓸데없는 행위이다. 하지만 사실 쓸데없지 않다. 창작은 풍족한 사회에서 사람들을 만족시키는 기능을 한다. 연구 또한 길게 보면 인류의 생활을 지탱하는 역할을 한다. 하지만 지금 당장은 없어도 된다. 실제로 많은 사람이 "예술이 무슨 도움이 되지?", "연구는 돈이 안 돼." 하며 눈살을 찌푸린다. 특히 열심히 일하는 세대, 날마다 이를 악물고 가족의 생활을 책임지고 있는 사람이라면 "그런 데 쓸 시간이 어디 있어?" 하고 반박할 만한 쓸데없는 짓이다.

하지만 그 본질은 쓸데없는 짓에서 가치를 찾아내는 행위이며, 거기에 인간만이 도달할 수 있는 정신이 있다. 고독이 가르쳐주는 이러한 가치는 분명 빈곤과는 정반대이며, 오직 풍요로움 속에만 존재한다.

고독을
받아들이면
얻게 되는 것들

독거노인이 아무도 모르게 세상을 떠나는 것을 '고독사'라고 하는데, 이 또한 가족애나 우정을 선전하는 매스컴이 붙인 이름이다. 사실 뭐가 고독하다는 것인지 정말 모르겠다.

고독은 죽음과 아무 상관이 없다. 세상을 떠난 사람은 죽는 순간까지 좋아하는 일을 하고 있었을지도 모른다. 그런데 '고독했구나.' 하고 단정 짓다니 쓸데없는 오지랖이다. 죽을 때 가족들이 곁에 있으면 좋겠다고 생각하는 사람도 있겠지만, 정작 죽는 순간에는 가족이 곁에 있는지 없는지 모를 것이다. 요즘처럼 병원에서 맞이하는 죽음은 의식 없이도 몇 시간, 혹은 며칠을 더 사는 경우가 대부분이기 때문이다.

수고양이는 죽을 때 어딘가로 종적을 감춘다. 자신의 사체를 내놓지 않는다. 이것이 더 멋진 죽음 아닐까. 나도 가능하면 혼자 죽고 싶다. 그래서 고독사라는 표현을 그런 고매한 의미로 쓴다면 이해할 수 있다. 우리 모두가 동경해도 좋을 죽음의 방식이다. 이것이야말로 '존엄사'가 아닐까.

핵가족이 당연해진 요즘에는 자식과 부모가 계속 함께 사는 경우가 흔해졌다. 자식에게 신세지기 싫다고 생각하는 부모도 늘었다. 다수가 바라는 형태로 변화한 것이다. 거기에는 개인의 자유를 존중하는 마음이 있다. 따라서 고독사는 우리 모두가 언젠가는 맞이할 장면이다. 두려워할 이유는 전혀 없다. 어차피 죽으면 고독이고 뭐고 없다. 결혼한 사람이라면 얼마간은 곁에 반려자가 있겠지만 결국 혼자 남는다. 또한 살아 있어도 의식이 없거나 인지하지 못하는 상태가 되기도 한다. 걱정하든 걱정하지 않든 마지막 순간에는 모두 고독해진다.

고독을 받아들이면 결국 자유를 얻는다. 주위에 사람이 있으면 어느 정도 보폭을 맞춰야 한다. 사랑이나 우정이 좋을 때도 있지만 분명 당신을 얽매는 것이다. 즉 '고삐'이다. 고삐는 가축이 도망치지 못하도록 묶어 두는 줄을 뜻한다. 사람이 키우는 가축은 고독하지는 않지만 자유롭게 돌아다니지 못한다. 오히려 고삐가 끊어지면 고독과 자유가 주어진다.

인연에 얽매인 현대인

고독을 두려워하고 싫어하는 사람은 예외 없이 인연에 얽매여 있다. 그런 사람들은 이렇게 주장할지도 모른다.

"세상은 그리 만만치 않아. 머리를 숙이고 꾹 참으며 일해야 먹고 살 수 있어. 친구가 있고 가족이 있어서 내가 존재하는 거야. 혼자 사는 게 아니니까."

물론 현실이 그렇다는 점은 부분적으로 인정한다. 인연을 완전히 끊기란 무척 어렵다. 하지만 적어도 마음만은 자유로웠으면 좋겠다. 나는 나를 위해서 존재하기 때문이다. 친구와 가족에게 힘을 얻고 고마워해야 하는 것은 당연하지만, 그들이 살아가는 희망일 필요는 전혀 없다. 어디까지나 자유를 추구하며 살아가는 것이 진짜 핵심이며, 그렇게 생각하지 않으면 아마 원망만 늘어놓는 즐겁지 못한 인생이 될 것이다.

실제로 고독과 자유가 먼 개념이 아니라는 사실은 많은 사람이 은연 중에 알고 있다. 요즘 결혼하지 않는 사람이 늘고 있는데, 그 이유는 자유롭게 살고 싶어서이다. "고독하게 살고 싶다."고는 말하지 않았지만 뜻은 거의 비슷하다. 말만 조금 바꿔도 이렇게 인상이 달라진다. 고독이라는 말에 나쁜 인상을 가지고 있기 때문에 느껴지는 차이다.

아이를 낳지 않는 부부도 늘고 있다. 가족을 미화하는 선전이 슬슬 효과를 잃어 가고 있는 것이다. 미화된 허구에 이끌려 결혼한 사람이 쉽게 이혼하는 시대이며, 그런 일반인들의 정보가 널리 퍼지는 인터넷 사회가 되었다. 경제계에서는 모두 가족을 만들고 아이들이 늘어나길 원한다. 그래야 상품이 잘 팔리고 경기가 좋아지기 때문이다. 그래서 가정을 꾸리고 아이를 키우는 데 들어가는 수고는 언급하지 않는다. 대신 즐겁고 단란한 장면을 반복해서 보여주며 이것이야말로 행복한 인생의 표본이라고 주장한다. 고독이 나쁘다는 인식이 생긴 가장 큰 이유 또한 미디어가 만들어낸 허구 때문인 것이다.

무의식적으로 고독을 추구하고 있다

대중매체가 보여주는 행복이 허구라는 사실을 이미 많은 사람이 눈치채기 시작했다. '요즘 결혼하지 않는 사람이나 아이를 낳지 않는 여성이 왜 많아졌는가.' 하고 사회 문제를 고찰하는 기사가 자주 눈에 띈다. 사회보장제도가 충분하지 않아서라고 흔히 말하지만 옛날에 비하면 지금은 훨씬 좋아졌다. 옛날에는 아무 지원 없이도 그런 문제가 발생하지 않았다.

'대가족이 아니어서 아이를 봐줄 사람이 없다, 아이를 맡길 시설이 부족하다, 출산휴가나 육아휴가를 제대로 보장받지 못한다.' 등등 이유들을 찾아내려 애쓰고 있지만 그런 것들은 오히려 영향이 적다. 결국 지나치게 미화된 허구, 즉 '결혼해서 아이를 낳는 것이 행복한 인생'이라는 단정이 무너지고 있는 것이다. 더 자유롭게 살고 싶다, 고독해도 내 인생이니까 내키는 대로 살고 싶다는 사람이 늘어났을 뿐이다. 지극히 자연스러운 흐름이다.

이제는 시골에서 도시로 나와 핵가족이 되거나 혼자 살아가는 방식이 허용되는 사회가 되었다. 그렇게 살길 원하는 사람이 많아졌기 때문이다. 도시여서, 시대가 달라져서가 아니라 사람들이 원하는 방향으로 흘러가고 있다. 핵가족이어서 아이를 키우기 힘든 것이 아니라, 아이를 포기하면서까지 핵가족의 자유를 원했다는 이야기다.

이러한 사실은 사람이 물질적으로 풍족해지면 다음으로 눈을

돌리는 것이 역시 '자유'라는 점을 시사하고 있다. 그리고 자유의 대부분은 예전에 고독이라 불렸던 생활 방식에 가깝다.

따라서 고독을 받아들이기는 전보다 훨씬 쉬워졌다. 이제 물리적인 장애는 거의 없다. 특히 도시에서는 전혀 없다고도 할 수 있다. 시골에는 아직 자기 의지와 상관없이 남과 어울려야 할 일이 있고, 꼭 따라야 하는 오래된 풍습이 남아 있다. 하지만 그런 것들도 머지않아 사라지지 않을까? 자유를 제한하면 사람들은 시골에서 점점 더 빠져나갈 것이다. 이 현상을 해결하고 싶다면 시골도 도시의 가치관, 바로 도시의 자유를 받아들여야 한다.

이런 이야기를 하면 '그건 싫다, 시골은 변하지 않았으면 좋겠다.'는 반론이 나올지도 모른다. 나는 '희망사항'이 아니라 관찰한 상황을 말하고 있다. 나도 개인적으로 시골은 시골다운 편이 좋다고 생각한다. 하지만 이것은 감정이다. 지금은 그런 개인의 취향을 말하고 있는 것이 아니다. 좋고 나쁘고의 문제도 아니다. 그저 사회는 모두가 원하는 방향으로 변화하고 있다는 관찰 결과를 썼을 뿐이다.

시골에는 타인과의 연결 고리가 있고 도시는 마치 고독의 집합체 같다. 또한 같은 도시 안에서도 가난한 동네에는 사람의 온기가 남아 있고, 번쩍번쩍한 시가지는 냉정하다. 이는 대중매체가 무척 좋아하는 표현이다. 물론 맞는 말일지도 모른다. 하지만 실제로 사람들은 시골에서 도시로 유입되고 있으며, 가난한 동네는 점점 가난해져 새 단장을 하지 않는 이상 사람들을 끌어들이지 못한다. 현실이 그렇다. 많은 사람이 진정 바라는 것은 대중매체가 선전하는 방향과 정반대일 때가 많다. 원래 선전이란 물건이 팔리지 않아서 힘드니까 "지금 이게 잘 팔려요!" 하고 사람들을 끌어들이는 수단이다. 즉 현실이 아닌 희망사항이다.

고독하다,
고로 자유롭다

　　고독을 받아들이고자 하는 사람은 이제 자기가 내키는 대로 하면 된다. 남에게 폐 끼치지 않고, 혹시 가족이 있다면 되도록 가족의 이해를 구하는 일 말고는 당신을 속박할 요소는 없다. '친척들이 어떻게 생각할까, 동네 사람들이 수군대지는 않을까.' 하는 쓸데없는 생각은 버려라. 착각일 뿐이다. 우선 스스로 자신을 얽매고 있다는 사실을 깨달아야 한다.

　동시에 '나는 왜 자유로워져야 하는가, 자유로워져서 무엇을 하고 싶은가'를 더 깊이 생각해보길 바란다. 아니, 그런 생각을 먼저 해야만 자유로워질 수 있다. 자유란 자신이 그리던 이상을 향해 나아가는 것, 자신의 꿈을 실현하는 것이기 때문이다. 만약 이루고 싶은 목표가 확실하게 있다면 아무 문제도 없다. 설사 자유를 위해 인연을 끊고 그 결과 고독해진다 해도 아마 즐거운 고독, 멋진 고독이 될 것이다.

처음에는 고독을 받아들이는 구체적인 방법을 쓰려고 했으나 꽤 추상적인 내용이 되었다. 그래도 어쩔 수 없다. 고독 자체가 추상적인 문제이기 때문이다. '무언가를 만들어라, 남이 하지 않는 연구를 해라, 쓸데없는 일을 찾아라.' 등 여러 방법을 엮어서 제시했지만, 가장 중요한 핵심은 하고 싶은 일을 하라는 것이다. 방법이 너무 시시한가? 어찌됐건 고독이 두려워 친구와 함께 있고 싶은 사람은 앞으로도 그러면 되고, 시끌벅적한 곳에서 벗어나 자신을 직시하고 싶은 사람 또한 그렇게 하면 된다.

심각한 인생 상담에 무책임한 대답을 던지는 것 같기는 하지만 내 마음이 시키는 대로 한다는 것은 무엇을 하고 싶은지 진지하게 생각하는 행위다. '일하지 않고 뒹굴고 싶다', '오늘은 의욕이 없으니 자고 싶다.'는 것은 하고 싶은 일이 아니다. 이는 하고 싶은 일이 없는 상태이며 인간에게 죽음 다음으로 나쁜 상황, 즉 살아 있는 동안 겪을 수 있는 최악의 상황이다. 아마 고독을 두려워하고 회피하려고만 한 인생이었기에 그런 가사(假死) 상태에 빠졌을 것이다.

우선 혼자가 되어 고독과 마주하며 내가 어떤 사람인지 잘 생각해보라. 잘 모르겠으면 모르는 대로 괜찮다. 앞으로도 계속 질문을 던지는 자세가 중요하다. 여기서만 하는 이야기지만 사실 나도 내가 어떤 사람인지 잘 모른다. 다만 더욱 고독해져서 계속 관찰하고, 끊임없이 무언가를 추구하고 싶다는 생각은 늘 하고 있다.

고독을 두려워하고 싫어하는 사람은
예외 없이 인연에 얽매여 있다.

고독해질
준비가 되었는가

시대와 함께 사회는 변화하고 그에 따라 인간도 변한다. 인간의 두뇌 구조가 달라진 게 아니라 세상이 입력하는 데이터 내용이 달라졌다.

나는 요즘 젊은이들의 경향에 관한 글을 자주 쓴다. 때로는 다소 극단적으로 이야기할 때도 있다. 그렇게 하지 않으면 깨닫지 못하는 사람들이 있어서다. 난 교과서를 쓰는 게 아니기 때문에 재미를 위해 약간 과장된 표현을 쓰기도 한다. 그래서 가끔 아슬아슬하게 허용 범위를 넘나들기도 한다. 난 요즘 젊은이들의 성향을 부정하지는 않는다. 그들의 행동에 굳이 찬반을 표해야 한다면 난 찬성 쪽에 가깝다. 요즘 젊은이들은 내 또래 연령이나 이전 세대보다는 훨씬 좋은 환경에서 잘 성장하고 있다.

하지만 그래도, 그렇게 좋아진 사회에서도 뒤처지는 사람들이 있다. 그런 사람들에게 되도록 손을 내밀고 싶다. 또한 어찌어찌 잘 살고 있어도 자기도 모를 위화감이나 불안을 안고 있는 사람들에게 어떤 식으로든 "그렇게 나쁘지 않아."라고 말해 주고 싶다.

확실히 요즘 젊은이들은 풍족한 사회에서 살고 있다. 주위 사람들에게 사랑받고 귀한 대접을 받으며 성장한다. 전혀 나쁘지 않다. "옛날과 비교해 무언가가 사라졌어." 하고 투덜대는 사람들이 있는데, 빈곤이 사라지면 풍족해지는 것은 당연하다.

귀한 대접을 받고 자라다가 사회에 나오면 왠지 주위 사람들이 나를 낮춰보는 것처럼 느끼기도 한다. 하지만 아직 젊고 지위가 낮기 때문에 어쩔 수 없다. 얕보는 것처럼 느껴지는 이유는 어릴 적에 경험했어야 할 어른의 시선을 경험하지 못해서다. "분위기 파악을 잘 못한다."는 말을 듣는 이유 또한 어릴 때는 주위 사람들이 내 기분을 헤아려줬는데, 사회에 나오는 순간 역전된 상황을 경험하기 때문이다.

엄밀히 말해 부모는 아이를 내려다봐야 하며, 아이는 어른의 기분을 헤아려야 하는 입장인데 그런 법칙이 지금은 거의 사라졌다. 하지만 큰일은 아니다. 사회에 나와서 되찾으면 된다. 지금은 옛날보다 사회에서 오래 활동할 수 있으니 천천히 살아가면 된다.

모두 천천히 어른이 된다

고령화된 현대 사회에서는 상대적으로 모두 실제 연령보다 어른스럽지 못하다. 지금 50대는 에도 시대(1603~1867, 도쿠가와 이에야스가 천하를 통일하고 봉건 체제를 확립한 시대)로 봤을 때 20대 정도의 의식을 가지고 있다. 아직 부모도 건강하고 조부모까지 살아 있는 경우도 있다. 지금 스무 살인 젊은이는 옛날로 따지면 열 살이나 마찬가지다. 에도 시대였다면 일을 시작했을 나이다.

따라서 지금은 누군가를 보며 "저 나이 먹어서……." 하고 생각할 일이 많아졌다. 사실상 사람들이 모두 젊어졌다는 뜻이므로 나쁘지는 않다. 서른 살이 넘어서까지 혼자여서 외롭다고 느끼는 것도 아직 열둘, 열셋 먹은 아이라고 생각하면 이상하지 않다. 오히려 귀엽기까지 하다. 나는 지금 쉰여덟 살인데, 요즘 들어서야 '내가 겨우 어른이 되었구나.' 하고 생각하게 되었다.

옛날보다 정신 연령이 젊어진 것은 좋다 해도, 문제는 그런 어린아이의 머리로 막대한 양의 정보가 흘러들어 오고 있는 상황이다. 만약 그런 정보를 차단할 수 있다면 옛날보다 길어진 인생을 여유롭게 살아갈 수 있을 것이다. 하지만 정보를 차단하고 살아가기란 먹지 않고 살아가는 것 다음으로 힘들다. 그것이 옛날과 지금의 가장 큰 차이다.

얕고 넓은 인간관계

만나야만 커뮤니케이션을 할 수 있는 사회에서는 나와 얼굴을 마주하는 사람이 사회의 전부였다. 이름을 기억해야 하는 사람이 100명도 채 되지 않았을 것이다. 하지만 요즘은 만난 적도 없는 사람, 이미 세상을 떠난 사람 등 많은 사람을 의식해야 한다. 친구라 부르는 사람 수는 절대적으로 늘어났다. 떨어져 있어도 교제는 이어지고, 동창회나 페이스북 등을 통해 끊임없이 남과 얽혀 있어야 한다.

인간의 체력이나 두뇌 능력은 예나 지금이나 크게 다르지 않기 때문에 그렇게 많은 사람을 상대하는 일은 엄청난 스트레스가 된다. 적어도 나는 그렇게 느낀다. 친구든 지인이든 적을수록 편하다. 상대가 많아지면 그만큼 한 사람에게 돌아갈 시간이나 노력을 아껴야 하기 때문에 아무래도 얕게 사귀게 되고 관계도 끈끈해지지 못한다. 지극히 당연한 결과다.

'인간은 사회 안에서만 살아갈 수 있다', '살아있는 것만으로도 사회에 감사해야 한다', '타인을 존중하고 사회에 도움이 되는 일을 해야 한다…….' 물론 맞는 말이다. 이 책에서도 "남에게 피해를 주지 않는다면 자유다."라고 여러 번 말했다. 하지만 정확하게 말하면 모두 살아 있는 것만으로 많든 적든 남에게 피해를 끼치고 있다. 그러니 남이 나에게 약간 피해를 끼치더라도 참고, 자신이 끼친 피해는 어떤 식으로든 보상해야 한다. 그러는 것이 도리다.

양질의 고독법

내가 말하는 고독은 사회를 거부하거나 남을 무시하는 것이 아니다. 처음부터 사회와 맺는 최소한의 관계는 거부하지 못한다는 전제가 깔려 있다. 따라서 사회에 공헌하고 남을 존중하면서 내가 꿈꾸는 자유를 구축해야 한다. 내가 말하는 '양질의 고독'은 바로 사회와의 공생이다.

내가 말하는 고독은 사회를 거부하거나
남을 무시하는 것이 아니다.
사회에 공헌하고 남을 존중하면서
내가 꿈꾸는 자유를 구축해야 한다.
내가 말하는 '양질의 고독'은 바로
사회와의 공생이다.

과학 기술이 발전하면서 옛날에는 생각할 수도 없었던 사회와 공생하는 고독이 가능해졌다. 즉 정보가 넘쳐나는 현대사회에서는 고독을 지향하며 살아야만 자기를 지킬 수 있게 되었다. 남과 똑같아서는 즐겁지 않다. 뭔가 나만의 영역을 갖고 싶다. 뭐든 받아들이기만 하면 소화불량이 되기 십상이다. 그렇다면 스스로 정보를 차단하는 능력을 갖춰야 한다. 즉 고독해지는 능력이 필요하다.

잠재력은 고독 쪽이 높다. 고독에서 협조로 이동하기는 쉽다. 주위 사람들에게 맞추면 그만이다. 고독이 싫어지면 거리로 나가면 된다. 남의 이야기에 맞장구를 치고 미소로 대응하면 금방 친해질 수 있다. 기본적으로 연결되어 있고자 하는 사람들이 많기 때문에 분명 손을 내밀어줄 것이다.

하지만 그런 협조 속에서 고독으로 나아가기란 무척 어렵다. 한번 맺은 인연은 끊기 힘들다. "서먹하게 왜 그래?"라고 할 것이다. 스스로 생각하기에도 어쩐지 불안하다. '정말 혼자서 괜찮을까', '두 번 다시 친구들에게 돌아가지 못하면 어쩌지.' 하고 말이다.

그런데 요즘은 그런 걱정을 할 필요가 전혀 없다. 먼저 다가가면 반드시 친구가 생긴다. 사회는 우호적이고 차별하지 않으며 예전보다 친절해졌다. 내가 느끼기에는 부담스러울 정도로 친절해졌다. 그러니 한 번이라도, 잠깐이라도 좋으니 고독을 느껴보면 어떨까? 도저히 안 되겠으면 다시 예전처럼 돌아가면 된다. 적어도 예행연습을 해두면 언젠가 찾아올 피할 수 없는 고독에 내성이 생기지 않을까.

고독하면 순해진다

나는 8년 전에 국가 공무원을 그만두었고 그로부터 3년 후에 작가 일에서도 거의 은퇴했다. 지금도 작가 일은 근근이 이어가고 있지만 일은 하루에 한 시간만 하기로 정했다. 일과 관련된 편지를 읽거나 책을 쓰고 정산하는 잡무까지 포함해서 말이다. 수정된 원고를 읽고 편집자와 이메일로 의논하는 일까지 전부 포함해서 하루에 한 시간이다.

일을 줄인 덕분에 사람과 만날 필요가 없어져 나는 고독해질 수 있었다. 그리고 가장 먼저 느낀 점은 '지금까지 정말 많은 스트레스를 안고 살았구나.' 하는 점이었다. 스트레스는 사라지고 나면 알게 된다. 억지로 한 일은 아니었지만 역시 책임과 의리가 있고 거절할 일도 거절하지 못했다. 또한 남한테 시키느니 내가 하자, 부하한테 시키느니 많은 일을 스스로 해서 보여주자는 오기도 있었던 것 같다. 나도 모르는 사이에 엄청난 스트레스를 안고 있었다. 그 스트레스에서 해방되자 오랜 시간 계속되었던 두통과 어깨 결림이 단번에 사라졌다. 지금은 감기도 잘 걸리지 않고 몸 상태는 무척 좋다.

그리고 이렇게 조용한 생활을 시작하면서 비로소 남의 마음을 헤아리게 되었다. 예전에는 화가 났던 일도 이제는 웃어넘긴다. 모두 제 나름대로 생각해서 자신을 위해 하고 있는 일이다. 사람마다 가치관이 다르고 느끼는 것도 다르며, 과거에 얽매여 있다 보면 합리적으로 고치기가 쉽지 않을 거라 이해하게 되었다.

요즘 들어서는 사람은 고독하면 순해진다는 생각이 든다. 물론 젊은이들에게 그렇게 되라고 강요할 수는 없다. 젊은이들은 우선 사회에 나가서 직접 사회를 경험해 봐야 한다. 고독해지고 싶어도 일단은 먹고살아야 하며, 거센 역풍을 맞아가며 인생을 배워야 한다. 서두를 필요는 없다. 멋진 고독을 향해 나에게 유리한 방향으로 천천히, 한 발 한 발 내딛으면 된다. 가벼운 마음으로 섣부르게 행동하는 것이 오히려 위험하다(이 또한 자유지만).

한 번이라도, 잠깐이라도 좋으니
고독을 느껴보면 어떨까?
도저히 안 되겠으면 다시 예전처럼 돌아가면 된다.
적어도 예행연습을 해두면
언젠가 찾아올 피할 수 없는 고독에 내성이 생기지 않을까.

마지막으로……

고독하면 절대 안 된다고 생각하는 것은 손해이자 정말 큰 착각이다. 고독해지는 것은 그리 나쁘지 않다. 오히려 고마울 만큼 가치가 있다고 생각해줬으면 좋겠다. 마음만 달리 먹어도 몇몇 사람들은 어깨에 짊어진 짐을 내려놓을 수 있지 않을까 싶다. 또한 그렇지 않은 사람들은 언젠가 어깨의 짐이 무거워졌을 때 잠깐만이라도 이 책을 떠올려주면 좋겠다.

아마도 이 책의 집필을 제안 받지 않았다면 나 스스로 쓸 일은 없었을 것이다. 비록 외부적인 동기에 의해 시작했지만 글을 쓰는 동안에는 내 머리로 생각하기 때문에 재미있는 체험이 된다. 특히 소설보다 이런 책이 10배는 재미있다. 까다롭지만 그만큼 재미있다.

펜이 가는 대로 고독이니 뭐니 어려운 말을 썼지만 결국 나도 여러 사람들에게 도움을 받고 있다. 요령도 없고 체력도 좋은 편이 아니라 살아가는 데 그리 유능하지 않다. 특히 오랜 세월 내 아내로 있어 준 사람에게 감사하고 있다. 내가 내키는 대로 고독을 즐길 수 있었던 것은 아내의 이해와 배려 덕분이다.

마지막으로 한마디 덧붙이고 싶은 말이 있다.

우정이나 사랑은 상대방에게 저절로 향하는 마음이지 대가를 기대하고 주는 것이 아니다. 만약 상대방에게 무언가를 바란다면 그것은 진정한 우정, 진정한 사랑이 아니라 단순한 망상이다. 따라서 우정과 사랑이 넘쳐나는 삶이라 할지라도 고독하기는 마찬가지다. 진정한 고독을 아는 자만이 우정과 사랑으로 가득한 인생을 살아갈 수 있다.

우정과 사랑이 넘쳐나는 삶이라 할지라도 고독하기는 마찬가지다.
□한 고독을 아는 자만이 우정과 사랑으로 가득한 인생을 살아갈 수 있다.

사람들 속에서 더욱더 외로운 나를 위한 치유법

고독이 필요한 시간

초판 1쇄 발행 2015년 8월 10일

지은이 모리 히로시
옮긴이 오민혜

펴낸이 민혜영
펴낸곳 카시오페아
주소 서울시 마포구 월드컵북로 400 문화콘텐츠센터 5층 출판창업보육센터 8호
전화 070-4233-6533 **팩스** 070-4156-6533
홈페이지 www.cassiopeiabook.com **전자우편** cassiopeiabook@gmail.com
출판등록 2012년 12월 27일 제385-2012-000069호
외주편집 임나윤
디자인 김태수 ehsoo@naver.com

ISBN 979-11-85952-17-8 (03190)

이 도서의 국립중앙도서관 출판시도서목록(CIP)은 서지정보유통지원시스템 홈페이지
(http://seoji.nl.go.kr)와 국가자료공동목록시스템(http://www.nl.go.kr/kolisnet)에서
이용하실 수 있습니다.
(CIP제어번호: CIP2015020182)

이 책은 저작권법에 따라 보호받는 저작물이므로 무단전재와 무단 복제를 금지하며,
이 책의 전부 또는 일부를 이용하려면 반드시 저작권자와 카시오페아의 서면동의를 받아야 합니다.

*잘못된 책은 구입한 곳에서 바꾸어 드립니다.
*책값은 뒤표지에 있습니다.